Anna
Maria
Maiolino

Digo

e

tenho

dito

ubu

O Norte e Sul dos escritos de Anna

Paulo Miyada

Norte

"Escritos de artista". Escritos de uma artista. Escritos, feitos por uma artista. Ou, simplesmente, escritos. Existem categorias que criam ruídos ou tornam as coisas desnecessariamente complicadas, mas não me parece ser o caso deste termo - escritos de artista. Gosto desta definição descritiva, factual: trata-se de algo escrito por alguém que é artista. Isso pode ou não implicar que sua leitura colabora para o entendimento aprofundado da obra desse artista; pode ou não indicar que existe um sentido poético nessa escrita; pode ou não afirmar que essa escritura é parte fundamental do grande conjunto da obra de quem a realizou. Ninguém, na verdade, poderá atestar de modo definitivo e inconteste que se trata de um caso ou de outro - mas isso não importa, o que importa é essa metonímia, essa relação de pertencimento que promete que o que se lê foi feito por alguém que produz também arte em outros suportes, meios e linguagens.

Como narrado por Anna Maria Maiolino no texto em que ela nos apresenta a sua escrita: a palavra, a literatura e a poesia fizeram parte da nutrição que sempre lhe foi servida em casa, ajudando a saciar a fome de todos os treze que se sentavam à mesa da família. Já a escrita lhe ocorreu bem mais tarde, quando já era artista, mãe e esposa, vivendo segmentada entre as necessidades e urgências desses múltiplos papéis.

A primeira linguagem com que Maiolino aprendeu a conversar consigo mesma foi o desenho, em sua sintaxe de ponto, linha, trama e emaranhado. Quem desenha está muito próximo da escrita, assim como quem escreve está próximo do desenho. Ambas são formas de anotar o fluxo do pensamento e ter, no papel, seu interlocutor primeiro e contínuo: uma máquina dialética que insere algo inapreensível e intraduzível no que, dentro da cabeça, parecia cristalino. Pois bem, é significativo que o princípio da escrita tenha se dado em paralelo com o retorno da artista ao desenho como linguagem prioritária e cotidiana, em um momento em que não havia tempo ou recursos para produzir pensamento poético de modo mais elaborado. O final da década de 1960 foi o gargalo mais acentuado nos meios de produção de Maiolino, mas em vez de extinguir seu compromisso com a arte, fez com que este renascesse, concentrado, nas linhas (escritas ou traçadas) sobre as folhas de papel.

Daí em diante, ambas as linguagens, escrita e desenho, nunca mais se aquietaram, fazendo companhia para a artista quase que diariamente. Em viagem, no ateliê, no quarto antes de adormecer, em momentos de crise e de felicidade. Para começar algo novo ou revisitar a memória. Para falar de si, do outro, de todos nós. Para deixar gravado na superfície do mundo o seu *grito de prazer e de dor*.

Compilados, revisados, selecionados e encadeados, os escritos de artista de Maiolino demonstram a liberdade de quem vai e vem entre poesia, prosa poética, crônica, conto e memorial. Graças ao cuidado da preparação feita entre a artista e Paloma Durante, é possível apalpar nos textos as flutuações sintáticas e léxicas de quem viveu entre múltiplas línguas, em múltiplas geografias.

São escritos nutridos por uma subjetividade que tem desejo, que sofre, que se reconhece como mulher, que cria artisticamente, que preza por laços familiares, que goza, que desobedece, que tem medo. Conhecer ou não a sua obra como artista visual altera as nuances da leitura, mas não determina em absoluto os seus efeitos. Assim como conhecer ou não Scalea, a aldeia calabresa à beira do mar Tirreno onde nasceu Anna Maria Maiolino, informa quem perscruta os testemunhos de sua memória, mas não condiciona o reconhecimento de seus afetos e revoltas.

Até ter sua obra e sua voz amplamente reconhecidas, Maiolino enfrentou diversas sortes de interdições, das mais explícitas, como a censura oficializada pelo estado de exceção ditatorial, às mais implícitas, como o desprezo misógino dos críticos por toda menção ao cuidado doméstico e familiar. Mesmo nos momentos de maior solidão, estava ali o papel a oferecer-lhe escuta e interlocução consigo mesma. Como consequência da obstinação de Maiolino e de sua conversa contínua com a escrita, podemos hoje encontrar nas suas linhas pistas que nos façam companhia e nos soprem acalanto perante a desolação subjetiva e coletiva que invariavelmente cruza o nosso caminho.

Sul

É preciso confrontar as palavras vagas com os desejos claros. Afiar a faca da libido ou, de modo complementar, deixar-se atravessar pelo corte da navalha desejante.

Assim como é preciso, dia após dia, reviver no próprio corpo o ato de coragem da primeira pessoa que desafiou a gravidade e colocou-se em equilíbrio sobre seus pés, sair da cama e abandonar a tendência ergonômica que nos coloca de quatro, é preciso escolher ficar de quatro para se entregar às pulsões sem nome e sem motivação causal. Adorar o prazer e deixar-se adorar por ele. Resistir aos séculos de culpa, medo e censura que penalizam o sexo, o suor, a animalidade que também somos nós.

É preciso lembrar que se pensa, e muito, com o intestino, com o sexo, com o útero, com o ânus, com a pele. Todos os poros da pele e mesmo os fios de cabelo (mesmo os fios da palavra) são zonas erógenas em potencial, à espera do balanço que as transforme em arma e armadilha para a fusão de múltiplas existências, ao menos por um instante.

A escrita de Anna é também a escrita do desejo - em sua falta insuperável, em sua abundância inesgotável.

Essa é outra faceta de sua ética e de sua estética, a qual se intui em suas esculturas, pinturas, instalações, vídeos e fotografias, mas que ganha o sabor da impudência nas entrelinhas da sua escrita.

Uma consequência da adesão integral ao desejo como motor da vida e da obra é a recusa de Maiolino de qualquer disfarce de seus conflitos e de qualquer projeção de uma imagem idealizada de si. Ele prefere mapear sua existência à deriva como um ponto movente no meio de uma multidão, uma identidade em fluxo espiralar sempre refeita no encontro com a alteridade. Há uma série de suas obras que se chama *Mapas Mentais*, dentre os quais se destacam aqueles chamados *Capítulo I* e *Capítulo II* (1971 e 1976, respectivamente). Neles, uma trama de linhas ortogonais estabelece um campo que pode ser apreendido não só como sistema de coordenadas cartográficas mas também como tabuleiro de um jogo da vida. Os nomes próprios dos filhos da artista – Micael e Verônica – marcam passagens fundamentais, assim como os deslocamentos entre continentes, países e cidades registram sua permanente condição de estrangeira; hachuras variadas funcionam como signos gráficos de interlúdios ou zonas de conflito, acompanhadas por palavras como guerra, fome, ódio, melancolia, alegria, angústia, separação, dor, refúgio, doença e pânico. As três últimas palavras no segundo trabalho são: *certainty* (certeza), *fate* (destino) e *poetry* (poesia).

A certeza do destino na poesia é o Sul desejante dos escritos de Anna Maria Maiolino.

A experiência de ler Anna

Paloma Durante

A quem agora me lê, anuncio que este livro é terreno em convulsão. Quase como um exercício de desobediência à ideia do autor que se retira do texto para que o leitor possa nele adentrar, a escrita de Anna Maria Maiolino é uma escrita de companhia. Retirar-se coisa nenhuma! Anna escreve mesmo é para poder ficar, para seguir sendo, ciente de que esse movimento se dá em relação, no encontro, no embate - sempre com. Coloco isso porque estes escritos partem de um anseio diferente, anterior à vontade de grafar palavras em um livro. O escrever de Anna rememora as práticas ancestrais da escrita de si, tendo como primeiro interlocutor ela mesma por meio do traço dessa mão amiga, capaz de gerar um duplo no papel como meio de (re)encontro com os próprios pensamentos, constituindo pela palavra um novo corpo, com todos os afetos - do que foi visto, ouvido, lido. São um tesouro acumulado de sensações, vivências e aprendizados, matéria-prima para a impressão de suas outras ações no mundo. Você verá que os textos surfam por diferentes estilos, coerentes com a urgência primeira que engatilhou a escrita, seja ela a captura rápida de uma imagem, seja a meditação sobre as próprias experiências e memória. Outra característica deles, e daí vem sua força sísmica, é que estes textos, aparentemente acabados, foram escritos e reescritos ao longo do tempo pela artista, funcionando como uma constante ilha de edição de sua memória não para acrescer fatos ao passado, mas como forma de atualizá-los para que tenham lugar de acontecimento no presente, na feitura de uma ponte para a continuidade, explicitada pelo corpo de quem irá ler. Sendo assim, nada garante que, daqui a algum tempo, estes textos não possam, um dia talvez, reaparecer mudados, levando em conta o compromisso que Anna tem consigo mesma de estar "neste constante movimento de devir outra". Essa afincada edição de seus textos e revisitação de temas como o corpo, o desejo, a morte, a linguagem e o tempo vem de sua necessidade primeira de sempre voltar ao princípio das coisas como uma defesa ao esvaziamento desses termos, trazendo-os para perto, para o trato deles no cotidiano. Ávida leitora, Anna carrega não só na construção de seu pensamento, mas na própria carne, a herança dos autores clássicos e sua preocupação em constituir um é das coisas. Mas, bastardas que somos, nós mulheres, desse processo histórico das elucubrações dos grandes temas, e tendo sido no espaço da intimidade que a gênese de uma escrita feminina muitas vezes se desenvolveu - na busca de uma constituição de si não só poética mas identitária -, Anna agencia em seus textos estas duas condições: a busca do maior pelo mínimo, a transcendência através do que é tido como mais (extra)ordinário da vida comum. Nessa lógica de trazer para perto, é possível fazer coexistir Borges e Moisés; Deleuze e o avô; um cosmonauta, o cachorro, Parmênides, uma defunta, o Ovo, Nise da Silveira, a linha e uma sepultura, entre tantas outras imagens e sujeitos que atuam em uma via dupla de serem imensa e imperdoavelmente o que são, e serem também metáforas que nos costuram de volta às questões primordiais do que é estar aqui, sendo atravessado pelo mundo.

Como última nota, gostaria de colocar que o trânsito dos textos entre literatura, escritos de artista e anotações é o reflexo de uma artista que, na busca de uma linguagem própria - permitindo-se assim experimentar nos mais variados suportes -, construiu para a sua escrita um modo de fazer sem grandes preocupações com categorias, mas engajado a uma *etopoiética* de seu trabalho. Todos os escritos aqui reunidos nascem como um lembrete, uma nota que, agora compilados, são finalmente endereçados a um leitor. Como dito, não é a escrita de alguém que se retira, mas a de alguém que funda e refunda estatutos de presença, agora usando da página como meio de encontro. Deve-se considerar que é uma leitura que tem lá suas exigências, como por exemplo, o entendimento de que só o olho, muitas vezes, não basta - é preciso ler com o corpo todo, fazer labutar a língua para atravessar estes textos, deixar-se vibrar. É um livro, sim, mas poderia ser um banquinho que Anna puxou para que sentemos, assim, ao seu lado, a costurar palavra junto dela.

A escrita de Anna

Anna Maria Maiolino

Sinto a poesia como pedra fundamental, como alicerce de qualquer ato criativo. É uma forma de pensar o mundo num movimento operacional de transformar o que vivemos em consciência. Há pessoas que apuram esta percepção, fazendo dela uma ferramenta de trabalho. Creio que a poesia é inerente ao ser humano. Agrada-me dar razão à teoria de alguns pesquisadores da linguagem que acreditam que a possibilidade de se expressar seja inata ao homem, fazendo parte da carga genética e que, portanto, não depende somente do processo evolutivo. Isso me faz pensar com certo deleite na possibilidade primordial da existência da "centelha divina". Se acreditarmos que o outro também compartilha desses mesmos alicerces de percepção, sua alma será um território possível de ocupação poética por parte do artista. De outra forma, não haveria ressonância.

Tive contato com a poesia desde muito cedo. Nasci na Itália, filha de mãe equatoriana e pai calabrês. Minha mãe estudou para ser professora de italiano e era grande admiradora de Dante, declamava-o de ponta a ponta, repreendendo-me de pequenina com seus versos. E meu pai dava ênfase à crença de que, para aprender bem o italiano, bastava ler três vezes consecutivas *I promessi sposi*, de Manzoni. Meus pais foram grandes motivadores e grandes aliados na minha trajetória com a arte.

Eles nasceram no final do século XIX, portanto, de certa maneira, herdei aspectos da cultura daquele século, que se misturaram na soma do século XX com o presente. No entanto, na minha obra, naquilo que digo e como digo, há o desejo, a intenção de representar o meu tempo. Gostaria também de que meu trabalho fosse além dos interesses particulares deste momento presente, permanecendo vital no tempo histórico que virá. Por enquanto, me daria por satisfeita se o outro, o público, no encontro com minha obra, pudesse sair com algum acréscimo.

A minha vida peregrina contribuiu na apreensão dos diversos signos e significados das múltiplas culturas com as quais convivi. Saí da Calábria e fui para Bari, do outro lado da península meridional italiana, na costa do mar Adriático. De Bari para Caracas, Venezuela. De Caracas para o Brasil, fazendo do Rio de Janeiro minha morada permanente. Depois, por quase 3 anos, vivi em Nova York, depois Buenos Aires e, mais tarde, em São Paulo.

Comecei a escrever poemas em 1971, em um momento específico da minha vida, quando estava vivendo em Nova York, com filhos de 2 e 4 anos, acompanhando meu marido que tinha ganhado uma bolsa de estudos. Obviamente, não sobrava muito tempo para o meu trabalho de arte. Um dos motivadores da minha escrita foi Hélio Oiticica, no *loft* em Nova York. Vendo que eu não tinha tempo para produzir, sugeriu-me que levasse sempre comigo um caderno para fazer anotações, que essa seria uma forma possível de eu existir naquele momento, enfatizando que o trabalhar é um modo de você perceber a própria existência. Colocou o papel em branco como o material de trabalho por excelência, pois permite o rascunho, o apontamento. Disse-lhe que não poderia nem pensar na escrita, já que acabaria por misturar todos os idiomas, resultando numa espécie de esperanto. Ele insistiu, dizendo que não me preocupasse, pois isso era somente um detalhe. Ele dizia que Joyce, por exemplo, era irlandês, e revolucionou a língua inglesa.

De fato, um caderno não ocupa muito espaço. Eu já havia tido o costume de carregar um comigo para fazer apontamentos quando estava no Rio e, reavivada essa necessidade, passei a levar um sempre na minha bolsa. Na praça, enquanto as crianças brincavam, passei a escrever. Alguns desses escritos resultaram em poesias. Em outros momentos, fazia anotações de projetos futuros, ou então esboçava alguns rascunhos e desenhos, ia de um polo ao outro. A caneta com a qual escrevia era a mesma com que desenhava. *A posteriori*, alguns desses escritos se transformaram em filmes Super 8. Naquele momento, vivia uma crise muito grande na minha obra. No impacto com a nova cidade, a representação utilizada nos trabalhos até 1967 foi abandonada. O encontro com a folha em branco foi incrível. Escrever era uma forma de pensar sobre mim, sobre as coisas. Passei a perceber que, para mim, o pensar é feito de sentir, penso com sentimentos. Pensar, então, passa a ser pura poesia. Nela, encontrei a possibilidade de realizar uma obra com um argumento mínimo. O meu vocabulário se enriqueceu de outras ferramentas. Dei-me conta de que quando me perguntavam em que língua eu pensava, demorava a responder porque o pensar, para mim, não implicava o uso de idiomas. Ainda hoje pensar não consiste, no meu sentir, em algo lógico, composto. É como uma narrativa feita de imagens. Meu pensar é pura emoção e sensações, porque o que pensa é o meu interior. É o meu coração que pensa. Nessa percepção dei-me conta de que o pensamento seria uma ferramenta também para dizer coisas e que poderia descartar a representação. Foi a poesia que me possibilitou dar um salto imenso para outro existir, noutro exercício de viver. Eu não possuo, *a priori*, uma obra poética, utilizo a escrita como forma de reflexão e como busca para encontrar linguagens possíveis, pois é na dinâmica com as metáforas de criar, de afirmar e de negar as coisas do mundo que o entendo e me entendo.

Digo

e

tenho

dito

eu + tu
corpo + corpo
corpo a corpo
corpo no corpo
individualidade perdida
dupla estrutura corpo
encontro
eu + tu
novo corpo

— **1971**

AJJJJJJJJJJ
HAAAAAAAAAA
in
out
vivo
AJJJJJJJJJJ
HAAAAAAAAAA
ar
aspiro
vida-corpo
expiro
atravesso a janela do mundo
AJJJJJJJJJJ
HAAAAAAAAAA
aspiro
expiro
ritmo
sopro vital
AJJJJJJJJJJ
aspiro

sobrevém a escuridão
o silêncio.

— **1971**

Mar-céu-mar
paisagem-azul

no fulgor da luz tudo se confunde
céu-azul-mar-azul-céu-mar

nado
movo corpo

sem amor
nado só

assim meu desejo

sobre a praia as ondas estenderam meu corpo
meu pensamento

sol-amor-sol
com mãos de homem aquece-me toda
sorrio

assim meu pensamento.

1971

Ar
Amar
Ar
Adicionar
Ar
Amar mais
Ar puro
Puro ar
Ar rarefeito
Mal no peito
É muita dor
É falta de ar.

—

1975

Não há mais cheiro de pão
nem de Carmela (minha Bá)
Neco (o cão) morreu
a casa grande fechou
os Maiolino mudaram-se.

Creia!
o Brasil é nosso
creia nos três poderes
na ordem e progresso
na constituição impressa
obedeça!
e ande reto
como todo homem direito
nada de protestos
cuidado!
não pense
é perigoso
nesse instante obscureceu no céu o sol da
[liberdade
desafia o nosso peito a própria morte
ó pátria amada!
não escutas o pranto e a dor dos torturados?
não olhas!
não falas!
segues a doutrina dos generais
mas eu digo:
meu filho, a indiferença é pior que a violência
ela te tornará um pássaro empalhado
sem voo
de nada te adiantará estar deitado em berço
[esplêndido
ao som do mar e à luz do céu profundo
iluminado ao sol do Novo Mundo
na terra gigante pela própria natureza
engana-te quem diz
teu futuro será o espelho dessa grandeza
nada de preocupações!

tu és o rei dessa imensa natureza
pensa em ti
alegra-te!
aproveita
seja inteligente
invista
ganhe dinheiro
compre um apartamento na Vieira Souto
fume Minister - o cigarro que dá prazer
não esquente a cabeça
faça do-in
yoga
após o banho, use desodorante e seja homem
cuidado!
certifique-se de que ela toma anticoncepcional
goze!
mas nada de paixões
não se desgaste
opere com tecnologia
primeira
segunda
e terceira posição
parabéns!
vá em frente
pra frente que o Brasil é nosso.

—

1976

Quatro lados
meu quarto
neste quadrilátero
perfeitamente esquadrado
arquiteto, desenho
traço, apago, refaço
uma e mil formas de asas.

Tocou o telefone. *"Anna, Anna, tuo padre... Anna, vieni... Vieni subito! Tuo padre..."* Corri o mais depressa possível para a casa dos meus pais. Mamãe abriu-me a porta exaltada. Tardei a entender o acontecido. No cômodo ao lado, encostadas nas paredes, estavam cinco telas lindamente pintadas. Fiquei maravilhada. Eram as telas virgens com as quais havia presenteado o pai poucos dias antes, para que se distraísse nas longas horas vagas de aposentado. Os quadros representavam imagens de paisagens fantásticas, estranhas. Jardins suspensos no ar, no lugar do céu, flutuavam sobre solos desabitados, desérticos. As pinturas estavam executadas com sabedoria pictórica surpreendente. Fiquei intrigada e emocionada. Os jardins sustentavam-se no alto do céu, como se aí sempre tivessem estado. Um diferente em cada quadro, compostos de uma vegetação inventada. De onde provinham esses conhecimentos técnicos? Aquelas imagens haviam sido executadas por um ancião de 82 anos. Nunca ele havia pintado. Quem diria? Sem dúvida, tratava-se de um artista. Eu sempre suspeitei que o pai tivesse, do poeta, a alma. Contudo, a surpresa foi muito grande, um impacto. Mal podia acreditar. Via o pai como nunca dantes visto, na revelação única de suas obras de arte. A mãe, embevecida, excitada, dizia-me secando as lágrimas: *"Tuo padre Anna... é incredibile. Il mio povero Angelo non ha avuto fortuna... La vita é stata dura com lui e con noi tutti... ma io ho sempre saputo che lui era un grand'uomo".*

Caladas, sentamo-nos diante dos quadros, numa compreensão que ia além de nós mesmas. O nosso passado comum se anulara naquele momento presente tão revelador. O pai, um artista! Tudo estava explicado: sua inadequação ao mundo estabelecido, sua curiosidade científica e seu interesse por tudo que o aproximasse da possibilidade de desvendar os mistérios da vida. Assim como sua grande incapacidade de lidar com dinheiro. Em consequência disso, ficara a família por períodos longos na penúria, no passado. Sim, ele era um artista! Seguimos caladas na inteireza daquele momento. A compreensão tornara as palavras desnecessárias. Em uníssono diálogo, pleno e amoroso, falavam nossas almas. Sentia depois de tantos anos a mãe finalmente apaziguada, era só serenidade. O orgulho, a admiração que sentia pelo marido artista, restaurara o amor de quando se casara com seu amado. *"Lui non ha avuto fortuna... Il mio Angiolino non ha avuto fortuna..."*, repetia.

"Hai visto?", perguntou-me papai entrando... "Sim pai, vi. Você é um pintor maravilhoso", respondi abraçando-o. *"Figlia, non c'è più tempo. È troppo tardi"*, disse-me no peso daquela verdade. Não dei resposta. Rapidamente, mamãe tinha esticado a toalha e posto a mesa, sem perguntar-me se estava com fome. Como de costume ela fazia, independentemente da hora que um filho chegasse. Era a forma dela de nos dizer "te amo" e compensar a escassez do alimento do passado. Para satisfazê-la, comi sem fome. Estavam pai e mãe sentados diante de mim. Olhavam-me com amor infinito engolir um bocado de alimento atrás do outro, brincando entre eles como jovens namorados. O pai dizendo à mãe que me parecia com ela. *"No Angelo, si rassomiglia*

a te, é un'artista come lo sei tu. Guarda come mangia.. le piacciono le stesse cose che piacciono a te."

Mamãe, que adorava sair e passear, passou a ficar em casa, ao lado do seu homem que, sem parar, pintava. Quando os visitava, levando telas e tinta para o pai, no harmonioso ambiente de trabalho em que o pequeno apartamento de cobertura havia se transformado, os rostos dos meus velhos pais fulgurantes de felicidade faziam-me sentir abençoada, testemunha de amor.

Papai morreu seis meses depois, deixando mais de quarenta telas terminadas. Nessas, em cada tela, há um diferente e formoso jardim suspenso que surpreende o olhar do espectador. Seriam essas imagens paragens obsessivas da mente do pai? Ou seriam produzidas por um anseio de retorno, uma preparação para a morte? *"Da quanto o scoperto la pittura, filha mia, non riesco piú a dormire, é come se avessi la febbre e vivessi num delirio. Solo trovo pace dipingendo. Lavoro giorno e notte senza fermarmi. Mi sento molto, molto stanco."*

1984

Na escada
sugo um pedaço de pão
como outras crianças sugam o leite
mãe tem cheiro de pão.

sentada na escada sugo um pedaço de pão
protelo ao máximo engoli-lo
sugo um pedaço de pão
é puro pão
cadê o semblante da mãe reclinada sobre minha
[cabeça?

minha boca é grande
possui bons dentes brancos
um a um caíram todos - os de leite
"gente grande come preferivelmente à mesa, garfo
[e faca nas mãos,
cara lavada e penteada", dizem eles.

sou grande
o pão acabou
olho minhas mãos
- Anna...
- Anna... onde estás?
- Anna, que fazes?

1984

É de manhã
já foi de noite
escrevo poesia
palavra
outra palavra
mais palavras
nas páginas quadriculadas
um dois três quatro lados
um quadrado
ontem foi dia feio
choveu e tivemos visitantes
gente triste
caras mal desenhadas pela dor
só tinham olhos
chorando o tempo todo lágrimas
escarlates
finalmente se foram
ficaram as manchas no assoalho e o cheiro
[de morte na sala
de nada adiantou lavar o chão, abrir as janelas
a dor permaneceu
pela casa, ouve-se:
- *los desaparecidos... los desaparecidos...*
Eles, os herdeiros de Cortez - *El Conquistador* -
enterraram mil em covas rasas
sem cruz, sem nada
semeando com os filhos da terra a terra
[latino-americana
não dormimos a noite passada
fiquei aqui, a escrever
meu amado a trabalhar no outro lado da casa

molho a pena na *tinta china* - Pelikan,
[marca registrada Gunther Wagner
conteúdo líquido 125 centilitros cúbicos
Indústria Argentina
- *Úsala bien* - dissera-me o meu amado - *te la regalo*
é tinta de desenho e, com ela, escrevo poesia
desenhando lindamente - letra por letra -
[como se fosse um chinês
- *Las hojas son calmantes...*
o rádio transmite matéria de cura popular
- *En las verrugas hay que pasarle en cruz...*
- *De la noche a la mañana desaparecerán todas...*
no fundo do frasquinho de tinta há sedimento -
[mostra dos anos
é melhor não agitar
apago o rádio
paro, presto atenção no silêncio da casa
o que estará fazendo meu amado?
- O que fazes? - indago
- Colo - ele berra - maldita cola acrílica!
- Malditos *yankees*
- Me recuso a usar cola acrílica!
- *Es una cuestión moral*
- Entendes?

"Sabes o que é uma gata?", perguntou-me Víctor quando entrei pela primeira vez na sua casa-a-teliê de Buenos Aires. "Bigornia", sua gata, nos recebeu festeira se enroscando nas nossas pernas. Parece realmente uma bigorna alongada e preta. Víctor foi me mostrando os espaços, as mesas com as ferramentas enfileiradas, enquanto enumerava as virtudes dos felinos. Ora falava em italiano, ora em espanhol: "Sabes, o gato nunca é de todo domesticável, feito o cachorro. O gato sempre preserva sua autonomia. Mesmo amando seu dono, não se submete. Trata-se de um ser livre, se faz respeitar. Toma, lê este livro: saberás como tratar *la gata*". Na capa do pequeno livro está o título em amarelo ouro: *Como conocer a su gato*. Víctor continuou me alertando: *"Atención con la gata! Nunca le acerques tu cara, cuídate los ojos. De celos puede arrancártelos de un zarpazo"*. Acabei entrando na leitura simpática do livro. Aprendi que os antigos egípcios tinham por esses bichos uma estima especial. Esses pequenos animais eram venerados como verdadeiros deuses. Basta ver os diversos desenhos nas pirâmides, escritos e estátuas em adoração à Deusa Bastet, uma mulher com cabeça de gato que simbolizava a fecundidade, o amor materno e a proteção dos lares. Os arqueólogos encontraram dezenas deles mumificados nas escavações. É evidente que o autor ama esses felinos e nos mostra como, através dos tempos, o mito do bicho foi alimentando o nosso imaginário e se confundindo com a nossa realidade. Recordo minha visita à doutora Nise da Silveira no seu consultório, logo depois da morte de Leo. Ela me recebeu junto de seus quatro gatos, sentando-se em uma poltrona na minha frente. Três dos quatro gatos se acomodaram placidamente sobre o assoalho da sala em fila, de forma estranha. Seria estratégica? Um subiu sobre a estante de livros e, de atalaia, não tirava os olhos de mim. Percebi que enquanto eu falava, a médica lançava rápidas olhadelas para os gatos. Soube, depois, que essa terapeuta tinha muito em conta o comportamento dos seus gatos nas consultas, para diagnosticar os pacientes. Interessante, não? Bem, eu tive sorte com Bigornia: foi-me amiga desde nosso primeiro encontro. Nunca demonstrou ciúmes. Juntava-se a nós carinhosa, sempre que via Víctor e eu juntos. Mas, é a ele que ama. Segue-o por toda parte pelo ateliê. Instala-se perto dele e fica observando-o trabalhar como gente grande. Até parece que entende e sabe o que ele faz. No entanto, seu lugar predileto é o peitoril da janela. Fica lá horas, estendida sobre as quatros patas, a espreitar pela fresta da cortina entreaberta o movimento do pátio interno do prédio. Crispa-se ao passar o cachorro do vizinho ou com o voo rasante de algum pássaro. A janela permanece sempre com os vidros fechados, para impedir que a gata escape para o pátio e seja presa do cachorro. Um dia, para nosso desespero, Bigornia escapuliu pela porta de entrada, desaparecendo sem que nos déssemos conta. Procuramos por todas as partes. Nada! Eu voltei para casa cansada. Abri os vidros da janela na esperança de que, por ela, voltasse. Víctor continuou procurando-a. Vi quando falou com Costanza, a menina de doze anos que mora na outra ala do edifício. Ele voltou logo, desolado, dizendo: *"La pequeña me ha dicho: que le vas hacer Víctor... será el destino del gato si algun perro la mate!"*. Desde então, sempre que me encontro num impasse irremediável, digo-me resignada: "É o destino do gato!".

—

1985

Com mão segura desenho
traços candentes no céu
cicatrizes dolorosas
marcas do meu desejo.

Meu corpo acompanha o movimento oscilante do navio. Batem as águas com fúria contra a vidraça do salão de primeira classe de onde não arredo pé. Minhas mãos seguram o balaústre como garras congeladas pelo pânico. Estou só, em um espaço proibido para os passageiros de terceira classe. Rosalba, minha irmã, está na enfermaria, muito mal. Mamãe permanece, como todos, embaixo, no dormitório coletivo destinado aos imigrantes. O navio parece prestes a afundar engolido pelas ondas, no estreito de Gibraltar. Tenho doze anos, estão me levando para Caracas, onde nos espera o pai, os irmãos e Rocco, marido da minha falecida Bá, Carmela. Pobre e doce "*mammela*", minha doce mãe-Carmela. Só ela conseguia me salvar do medo de pequenina. Recordo... a escada que dava acesso à casa, meu lugar preferido, "o ponto de eventos imaginários" - linha limítrofe entre a realidade dura da casa e a minha imaginação, onde costumava ficar longamente sentada. Permanecia ali, de atalaia, espreitando a vista do jardim e as nuvens no céu. Me perdia na leitura daquela dupla cartografia, aérea e vegetal, em que se configuravam imagens apavorantes de monstros e formas bizarras que me faziam estremecer de terror. Contudo, lá permanecia eu, imóvel por longas horas, petrificada. Carmela, somente Carmela, conseguia arrancar-me da escada, abrindo para mim seu baú de madeira, fechado com cadeado, onde seu tesouro - objetos acumulados durante anos - era guardado. Ninguém em casa nunca descobriu onde ela escondia a chave. Desde Scalea carregou o baú para Bari e dele nunca se separou. Num presente de amor, para minha felicidade, colocava-me lá dentro tirando-me os sapatos. Era preciso não quebrar nada ao brincar com aqueles objetos reais: colares, caixinhas, fitas, panelas novas recém-compradas, junto com o enxoval que ela bordara e que exalava aromas de campo, de grama recém-cortada, enquanto as núpcias eram esperadas. Assim como Pinocchio na barriga da baleia, eu também, na barriga de madeira, estava a salvo.

Acordamos bem cedo hoje. Tomamos café no terraço à sombra da parede que separa nosso apartamento do de Gianzia, ao lado. Scimiotto, o gato dela, acocorado no alto do muro, nos lança olhadas entrepausadas enquanto dormita. Dorme ou finge? *"Sabes, los egípcios consideraban el gato un animal sagrado. Encontraron centenas embalsamados en tumbas..."*, diz Víctor. Toma lentamente seu café sem tirar os olhos do gato que, como se entendesse, devolve-lhe olhares comprazidos, como a criança pequena quando observada nas suas gracinhas. Decerto, o gato é um bicho que se dá ao respeito, possui um lado indomesticável, não se submete a nada e a ninguém, nem sequer ao dono. Quando não pode com uma situação, se suicida. Há anos, em uma visita à casa da doutora Nise da Silveira para conversar sobre a morte recente do homem de quem eu fora mulher por um curto/longo e apaixonado ano, havia quatro gatos na sala em que me atendia. Um estava sobre as pernas da doutora, outro em cima da estante, um malhado no sofá, e o outro deitado bem no meio do assoalho. Tive a nítida impressão, enquanto eu falava angustiada, de que, além da doutora, os gatos também me ouviam e observavam. Mexiam-se sem sair do lugar, acompanhando a emoção expressa na minha fala, lentamente, como se estivessem se comunicando num mudo código de sinais. Apesar da angústia, podia me dar conta de que a médica prestava muita atenção nos gatos. Dependeria desse insólito júri o meu julgamento? Finalmente, dando por concluída a entrevista, a doutora levantou-se e disse: "Seu homem viveu e morreu como quis, você não poderia mudar os eventos". De nada adiantou tê-la visitado. Não me aliviou a perda. Continuei me sentindo responsável por não ter feito nada para adiar sua morte, esta, que era assunto corriqueiro nas nossas conversas: para ele, a morte era anunciada; para mim, uma ameaça. Algo me dizia que ele sobrepujaria a doença se matando. O meu eu mais profundo sempre soube. Creio que me coube conhecê-lo para que eu aceitasse a vida. Acreditava e acredito que pôr fim à própria existência é o exercício último de liberdade de cada indivíduo, um direito. Por mais assustador que fosse, a ameaça consistia na privação da presença do ser amado, e não no próprio ato em si. Eu mesma, desde a mais tenra idade, anseio pela morte. Encontrar-me no mundo e ter que viver foi-me penoso. Me sentia inadequada no seio da família e mais tarde no mundo. Nasci entre conflitos e carências em plena Segunda Guerra Mundial. A caçula numa grande família. Até a idade adulta, a falta foi o adubo de minhas necessidades básicas e anímicas, nunca devidamente satisfeitas e preenchidas. O fato é que realmente me esqueciam... Deixavam-me no berço na hora dos bombardeios. Me esqueciam na igreja, na escola... Ou será que eu me escondia? O certo é que debaixo do bombardeio era esquecida, pois eu ainda era tão pequenina. Várias vezes ouvi a mãe contar: "*...Ci dimenticavamo di Annarella nella culla sotto i bombardamenti, quando ci si rifuggiava nello scantinato. Di sotto, era il nonno, sempre lui, a ricordarci: Avete preso la bambina?... Ma lei era cosí buonina, un angelo, non piangeva mai, che nella culla ce la dimenticavamo...*". Mamãe nunca soube como esse contar gracioso fazia-me sofrer, pois confirmava-me o abandono. Ela, o tempo todo, estava por demais preocupada em dar-nos de comer. Estão vivas na minha memória suas mãos sempre brancas, sujas de farinha, eternamente ocupadas em amassar o pão, para nós, seus filhos, nunca devidamente saciados. Eu a acompanhava no trabalho, de perto, observando-a, com a esperança de que, lavadas as mãos, pudesse me abraçar, acarinhar. Em vão era minha espera, pois logo essas mãos eram novamente ocupadas pela costura ou pela roupa a ser lavada. As mãos de minha mãe nunca estavam livres do trabalho. Meu amado ouvia com interesse e amor verdadeiro todas essas histórias por mim contadas, emoções verbalizadas. Igual a Sísifo, carregava eu minha pedra no falar, como na vida carrego o fardo de existir, até o cume da montanha. Desde o alto de minha emoção, voltava a rolar a pedra montanha abaixo, para logo ser novamente carregada para cima. Se na infância me tocava como pura fantasia de criança, com os anos cresceu a angústia de viver e o desejo da morte. Por sorte, um impulso de vida muito grande me sustentava e rebelava-me à depressão. Me intriga essa força pró-existência que, sem dúvida, empurrou-me para o caminho da arte, no qual finalmente encontrei abrigo. Somente muito mais tarde viria a psicanálise. Que tortuoso foi meu caminho para a vida. Aquela Anna morreu no mesmo dia em que morreu o amado. Renasceu para a vida, a carregar sua pedra sem peso, não mais um castigo. Se ao menos tivéssemos tido o filho por mim tão desejado! Por muitos anos, acompanhei com forte sentimento de amor o rastro dessa criança imaginada. Lhe seguia o crescimento como se tivesse nascido. Me comprazia em imaginá-lo bebê, logo menino na escola. O via à minha volta rapaz, parecido com o pai: alto, magro, com a mesma bela face e longos dedos nas mãos. A mesma hombridade e inteligência a transparecer na profundidade negra dos olhos, conteúdo do mundo, longe da morte. Pois este, à diferença do pai, ao nascer, não havia sido marcado com um X. Aos poucos, com o passar dos anos, sem aperceber-me, foram lentamente se apagando da minha mente as duas imagens: a do pai e a do filho imaginário. Aflora de tanto em tanto a lembrança dos dois, reacendendo a saudade. "Desculpem...", diz Gianzia entrando porta adentro, "posso ter um café? Não dormi esta noite. Vocês imaginam um átomo passando por dois buracos ao mesmo tempo? Foi o que li antes de ir para a cama... por isso não consegui dormir... e como os ouvi acordados...", e sem cerimônia, sem esperar resposta, vai se servindo de café e pão. Essa é minha amiga Gianzia. Não é engraçada? Paradoxalmente irreverente e, ao mesmo tempo, elegante no trato e nos belos vestidos por ela mesma elaborados, é uma artista. A ela mostro em primeira mão todo trabalho novo que faço. Sem papas na língua, diz o que pensa com inteligência e acuidade: um estímulo para o diálogo. Aqui está ela de novo, servindo-se de café sem parar, e o Víctor lentamente fumando. Ficamos os três, nessa luminosa manhã, jogando conversa fora: finitude... tempo... física quântica... o retorno.

1987

A luz infiltra-se pelas cortinas lavadas, clareando o ambiente. No ateliê, as ferramentas livres do *polvo*, enfileiradas, aparecem valorizadas nas bancadas de trabalho de Víctor, à espera do uso. O cheiro de cera fresca e a ordem circundante provocam-me o bem-estar da tarefa concluída. A gata preta, "Bigornia", ameaçada pelo movimento de uma pessoa estranha no ateliê do Víctor, recolheu-se sobre o parapeito da janela, de onde me olha com desconfiança.

Viver entre Rio de Janeiro e Buenos Aires não me é fácil. Sem ateliê, utilizo um pedaço pequeno do espaço de trabalho do Víctor. Procuro levar de bom ânimo mais uma estadia na Argentina. Tento me concentrar no trabalho, na pintura, também leio muito, penso, indago. Apesar de me sentir no impasse de viver entre dois países, sem pouso certo, tenho condição de reavaliar situações e necessidades intrínsecas minhas relativas à minha obra. Este estado de transitoriedade em que me encontro é extremamente valioso, pois sinto-me livre de compromisso e com isso posso viver. Fico aguardando, no exercício do ato pictórico, utilizando o tradicional suporte da tela, trabalhando com pinceladas contínuas, na transparência. O círculo, ou óvulo, forma que se configura, é sucessivamente construída e destruída inúmeras vezes. Pois, o "O" que ocupa a tela - o nada, "raiz da diversidade" - é somente uma escusa para permanecer pintando. Com o gesto energético do trabalho, com a certeza de que este me levará ao destino, poucas destas telas chegam a ser concluídas, pois não é o que importa. Com esse trabalho, tento estar distante do tempo veloz e da fragmentação. Paradoxalmente, ao mesmo tempo anelo encontrar uma saída para a obra, em que esta possa vir e se inserir no contexto da contemporaneidade, contudo, num espaço menos doloroso. Entretanto, não será esta obra pictórica que cumprirá esse compromisso. Eu sei e não me importo. No momento, pela urgência do meu desejo: a procura de um Espaço Maior - nostalgia de uma remota plenitude já vivida. Por isso mesmo, o tempo pictórico segue o curso do meu ordenamento interno, ligado à minha necessidade anímica. Somente durante o trabalho repetido, contemplativo, fora das exigências do meio, consigo encontrar sossego. No recolhimento, posso viver livremente o impasse - criação/renovação - à procura de uma nova verdade.

"A verdade é uma alma e um corpo", disse Rimbaud. Intuo poder encontrar esse novo corpo/alma pacificador, trabalhando o tempo.

Víctor está preparando nossa comida, revirando as panelas. Está diante do fogão preparando nosso almoço com a lentidão de um sábio à procura da verdade. Será um manjar de laboratório, experimental, como sempre quando resolve cozinhar. Concentrado, revolve com uma colher de pau a panela de ferro. Água + legumes + *aceite* + sal... Assim, as especiarias... Há um monte de vidros com espécies das mais diversas na prateleira, logo aí, no corredor, entre a sala e a cozinha. Nessa casa-ateliê cada objeto tem seu uso e utilidade. Aliás, aqui nada é supérfluo. A mesa de comer serve também para trabalhar. Os utensílios da cozinha muitas vezes são auxiliares no trabalho do ateliê, mexendo com gesso, cimento. Tudo é de uso, espartanas sínteses, monacal. Na mesa onde se come, se trabalha. A panela que cozinha os alimentos, logo depois, servirá para o banho-maria dos materiais. Não se salva nem sequer a cama no seu uso de dormir e fazer amor, pois quando necessário, é lá que se colocam os desenhos para secar. Amamo-nos. Somos um do outro neste pedaço de mundo, a casa na rua Juncal.

Nesta casa se vive e se trabalha.

—

1988

Sonhei
meus pés seguiam uma longa espiral desenhada
[pelas estrelas ao infinito
caminhava olhando para baixo
como copo de flor, minha longa saia cobria-me
[a face e os olhos
estando à mercê do vento
- entre um sopro e outro -
pude ver a terra
e confirmar que é azul.

Meus pés, à saída da Escola de Belas Artes Cristóbal Rojas, ganharam asas no asfalto. Sinto-me feliz e exultante com meu rolo de desenhos debaixo do braço. Adentro a praça Simón Bolívar. Lá no meio está ele, impassível, no alto do pedestal de mármore. Um transeunte tira o chapéu ao passar na frente da estátua, com respeito. Acho graça. Os venezuelanos veneram "El Libertador" de uma forma quase ingênua, infantil. Num grande simulacro, as imagens de Bolívar substituem o próprio, em carne e osso. Sorrindo, apresso o passo. Quero logo chegar em casa. A felicidade habita-me o peito. "*Tu trabajo promete*", disse-me o mestre na aula de desenho esta manhã, em frente aos outros alunos, apreciando os trabalhos executados no mês passado.

Estudo no curso denominado Arte Puro: primer año. Finalmente um pouco de alegria. Que difíceis foram os primeiros tempos vividos na Venezuela! Que grande possibilidade de cura é a arte, no exercício da liberdade do fazer. Nele, o ser se potencializa no seu humano existir e se iguala aos seus semelhantes. Construindo e reconstruindo mundos imaginários, nosso desejo se materializa e nos faz superar frustrações. Foi nesse processo de descoberta das possibilidades da imaginação que sarou minha alma ferida por deixar a Itália, conturbada com o impacto de outra cultura. A escola opera em mim transformações contínuas. Nesta chama alquímica, todos os dias, descubro mundos insuspeitáveis fora e dentro de mim. Estou ciente de que algo grande está acontecendo comigo, pois meu crescimento intelectual é tangível. Eu, que havia sido no ginásio uma aluna medíocre, agora recebo excelentes notas em todas as matérias. No momento, as Belas-Artes são um laboratório de ideias. No meio da efervescência política em que se encontra a Venezuela, retornam do exílio professores, artistas e intelectuais com a recente queda do ditador Pérez Jiménez. Ao mesmo tempo, em Cuba, os guerrilheiros de Fidel Castro acabam de tomar Sierra Maestra. Na escola, junto-me timidamente a um grupo de alunos e professores que se organizam para recolher fundos pró-Cuba. Movimento logo abortado. O jovem governo democrático venezuelano se submete à vontade *yankee*, proibindo toda demonstração favorável à revolução cubana. Apesar disso, o sentimento de novos tempos impera na escola, estimulando meu entusiasmo. Passo o dia inteiro em seu estabelecimento. Transcorro muitas horas nos ateliês trabalhando e na biblioteca folheando livros de arte. Meu amigo, Alírio Palácios, aluno do terceiro ano, junta-se a mim sempre que pode. Gosta de dissertar sobre as imagens das obras, indicando-me como se configuram as composições, as cores... Ouço-o com atenção, minha fome de saber é grande. Fascinam-me os universos desconhecidos dos artistas. Aprecio suas obras, a mim paradoxalmente tão íntimas. Gosto ainda mais dos ofícios praticados nos ateliês. Trabalhando, o tempo escorre sem sentir. Parece que minha cabeça troca de lugar, junta-se às mãos, ausente do entorno. Mergulha tão fundo... entregue ao fazer, absorta num tempo sem presenças. Como sou boa aluna, deixam-me utilizar os espaços à vontade. De todas as aulas teóricas, "Elementos de expressão das Artes Visuais e do Espaço" - administrada por Miguel Arroyo - é a que eu mais aprecio. Essas aulas revelam e afirmam o funcionamento do sistema inerente ao homem que nós, intuitivamente, utilizamos: a relação do seu corpo/olho com o mundo físico circunspeto e o espaço.

Avanço pela calçada apinhada de gente da avenida Urdaneta, funcionários de escritórios no final do expediente. É um bom momento para pôr em prática o que acabo de aprender na última aula. Presto atenção em como o olho, instintivamente, seleciona formas e cores afins naquela multidão. Carregar o rolo dificulta-me o andar. Diminuo a marcha, aproveito para olhar as vitrines. Me entretenho montando imaginárias composições de naturezas-mortas com os objetos expostos. Os vidros refletem o movimento agitado da avenida e a minha imagem, parada, com o precioso tubo debaixo do braço. Observo-me melhor: sou uma linda moça. Uma longa trança prende meu negro cabelo que desce-me pelas costas, até a cintura. Reparo que o antigo cenho franzido entre meus olhos quase desapareceu. Permanece ainda somente uma leve sombra, lembrança do crachá que carrego no bolso com a identificação: IMIGRANTE. Minha mão direita busca-o, enquanto seguro por um momento o tubo com o braço esquerdo. Não o devolvi para os funcionários de bordo, no desembarque em La Guaira, como fora ordenado. Disse-lhes que o havia perdido. Também me recusei a usá-lo preso ao peito durante a travessia, no navio. Aquela cicatriz exposta, estigma gritante de nossa pobreza, me humilhava. O escondi na bagagem, da minha vista e da dos outros. Já em terra firme, virou um estranho talismã amassado no bolso, carregado por toda parte - marca profunda no meu corpo -, oculto debaixo das vestes. Por que será? Pergunto-me, atirando-o no bueiro da avenida, ajustando firme o rolo de desenhos debaixo do braço. Me apresso acelerando o passo, aliviada.

1989

Sou um mergulhador no coração da vida
o quente e úmido ventre de minha mãe
tocou a hora
primeira marca impressa na dor
intuo a saída, é aí, onde a luz brilha
que nasce o mundo
não mais acoplado, aprendo a respirar
agora, reconheço as singulares batidas
          [do meu coração
percorro muitos caminhos na companhia de outros
e assim passa o tempo esperando o retorno
em seu entremeio, esculpo pensamentos
um novo a cada dia
até a luz apagar.

—

1989

No espelho
o olho vê um olho
um mundo
fita-me desde a pupila uma mulher
- sou eu.
Onde está a criança nos braços da mãe
[apresentada ao espelho?

Minha mais antiga recordação: o trem correndo em direção a Bari, deixando Scalea. Encostada à janelinha, olho a paisagem que foge à minha vista. Sinto minha tristeza de criança, causada pelos acontecimentos recentes que não me foram bem esclarecidos. Lá, ao longe, entrevejo nossa casa e, um pouco mais à direita, o cemitério onde, guardados no fundo das entranhas da terra, estão Antônio, o teimoso, e minha avó. Antônio, meu irmãozinho, morrera ao nascer, sem soltar alento. Não houve jeito, não respirou e morreu. Foi enterrado de peito aberto por não ter camisinha no enxoval que lhe coubesse. Eu sempre tive inveja de Antônio. Todos o recordavam: um fenômeno. Nascera em casa, com seis quilos e meio, aos dez meses: ficara um mês a mais na barriga da mãe. Invejava-lhe, também, a sorte de ter-se ido. Sobrara dele uma mecha de cabelos castanhos, amarrados à pequenina chave de seu pequeno ataúde. Minha mãe a conservava envolvida em papel de seda, dentro de uma caixa grande de madeira cor de ovo, laqueada, com outros objetos caros e papéis importantes. Foi a primeira coisa a arrumar e a colocar nas malas antes da viagem. Quando ela retirava a tal caixa do armário, o sinal era: acontecimentos e mudanças prestes a ocorrer em casa. Aí, eu, receosa, ficava por perto. Adorava brincar com os guardados da caixa. Ela deixava, pedindo-me que tivesse cuidado. Aos poucos, ela também era chamada à vista daquelas lembranças e nós duas mergulhávamos, vida adentro, no interior da memória de minha mãe. Guiava-me a sua voz cálida, detalhando cada objeto e fotografia tirada. Arrebatada, ouvia histórias muitas vezes já escutadas, renovadas pela emoção presente. O prazer de escutar tornava-se sempre inigualável. Mas nada será mais forte ou comparável ao meu sentir que aquele toque: os leves cabelos de Antônio e a sua pequenina e fria chave, entre minhas mãos, receptáculo trêmulo do Mistério.

Migro, as, avi, atum, are. Em latim: imigrar, ir embora, partir, transferir-se, levar, transgredir, violar, morrer, indica o dicionário latim/italiano. Gasto no uso contínuo do tempo, mandei encaderná-lo. O único livro que me acompanhou em minha vida peregrina. Símbolo inconsciente do meu conhecimento não preenchido. A assiduidade com que busco as palavras no velho dicionário deixaria alguém supor que sou uma conhecedora. Pelo contrário. Na aula de latim, era incapaz de concentrar-me. Minha mente juvenil vagava como uma pipa no ar, *revoluteava* no interior de mim mesma sem poder fixar-se em nenhum conceito. Eu, sim, permanecia com meu olhar fixo nos lábios da professora de latim, enquanto minha alma era içada por um anzol invisível - retirada do corpo para o nada - caindo subitamente na realidade, ao chamado imperioso da mestra. Assustada, ao retornar da ausência não lembrava por onde havia andado minha mente e, é claro, tirava sempre notas muito baixas. Cheguei, aos dezesseis anos, à Escola Nacional de Belas Artes de Caracas. Nunca mais voltaria a estudar latim. Contudo, permaneceu o desejo, a curiosidade insatisfeita. As frases, os dizeres dos poetas latinos que acompanham os significados dos termos no dicionário, me fascinam hoje como quando tinha doze anos. Deleito-me ao relacionar o sentido passado e presente das palavras e sinônimos. Nos escritos dos antigos poetas, encontro aquela procura imutável no tempo que une a humanidade: o destino. Sei também que, até o final da minha existência, o dicionário latim/italiano continuará por perto, à mão. Agora com capa nova, dura, preta e dourada, reconhecível à distância. Lembrança das minhas dificuldades com o aprendizado do idioma.

1991

Fechada está a porta ao perigo
estou só
o medo dirige-se em todas as direções
é noite e estou só
o apito do vigilante na sua ronda fere
[o silêncio
retenho a respiração
ouço o sussurrar nos quatro cantos da casa
são os objetos que falam entre si, baixinho
acuada
não consigo ouvir o que dizem
apavorada
sinto-me uma estranha onde moro
perdi os movimentos do corpo
nem mais a pele cobre-me
resta um pedaço de carne viva
- meu coração.

eu te digo,
esta sou eu
uma mulher qualquer
de vida comum.

Num *cavo*, no interior da terra, caminho declive abaixo ao lado do senhor José, dono da pedreira, à procura de uma pedra para um poema. O cheiro da pólvora de dinamite recém-queimada está no ar, invade as narinas. Os operários, atentos aos possíveis deslizamentos, deixam-nos passar. Avançamos cautelosos entre as pedras de tamanhos diferentes disseminadas na encosta, aninhados aos pés da fenda aberta pelas sucessivas explosões e que divide em dois a grande pedra. Esta jaz esparramada no declínio do pequeno vale, impudica, de pernas abertas. Na luz do sol poente da tarde, a racha sobressai e berra à vista. Dela, os homens arrancam pedaços. Como mulher recém-violada, imóvel, permanece exausta. Desvio rapidamente os olhos para outra parte. Levanto a cabeça para o alto, tentando fugir dos meus pensamentos. Lá em cima me embato num púbis de verdes vegetais ondulantes na cálida e úmida brisa da tarde. O meu embaraço persiste, a meu pesar. Viro a cabeça perturbada, encontrando os olhos de José fitando-me calmamente debaixo do chapéu de palha. Sinto-me a descoberto na minha nudez que as roupas vestem. No corpo queima a fenda entre minhas pernas como brasa candente, viva na carne, gritando uníssono com a pedra diante dos meus olhos. Encabulada, não sei onde descansar a vista nesta paisagem que é una com a consciência do meu próprio corpo e que o faz tão permeável. "Dona, urge uma decisão rápida. As pedras podem rolar a qualquer momento...", diz o homem baixando os olhos com respeito, encaminhando-se à frente, apontando ora uma, ora outra. Na confusão em que me encontro, difícil escolha é a minha. Ademais, todas são belas. Cada uma única, perfeita, na sua forma causal. José, com sua mão calosa, as acaricia ao passar, com intimidade de amante. Sigo-o com dificuldade, meu coração encostado à garganta. "O pequeno *cavo* da pedreira exala vida... as pedras respiram...", digo baixinho. Creio tê-las visto se expandir e contrair ao toque da mão de José. "Não se preocupe, dona, uma delas será sua...", diz o homem parado sem fadiga e sem pressa. Me mira com seu olhar macio e experiente, que me ameaça. Ele, aqui, no súbito silêncio reinante, é aquele que sabe. É fim do expediente: os operários abandonaram o trabalho. Estamos sós - ele e eu - no meio das pedras, cobertos pelo escuro manto da sombra da pedreira.

1991

A arte livrou-me da loucura, da morte
à santidade prepararam-me desde tenra idade:
          [pecar nunca!
na Santíssima Trindade acreditar
os dogmas da Fé aceitar, cegamente
desígnios de Deus - e dos adultos

O mundo estava em guerra quando nasci,
todos os dias, éramos treze à mesa, manhã e noite
perante os filhos, teve vergonha minha mãe
          [de sua prenhez
testemunho do sexo consumado na idade madura
deu a vida a mais uma filha faminta

De boca aberta, desde então, permaneci: pronta
          [para morder
fauce escancarada, sem mastigar, engolia tudo,
          [afetos e desejos
até o último beijo do meu amado, antes do adeus
          [para sempre
quando, irrevogável, minha boca se fechou
fiquei velha.

Sentada no regaço do avô, escuto mais uma vez: "Era uma vez...". Tenho muito frio, estou gelada e bato os dentes. Em um vislumbre, percebo que retornei ao meu quarto do hospital, deixei a sala de operação e estendida estou na minha cama. O meu corpo estremece de frio. Em súbita fulgência, minha consciência emerge como o resplendor de um raio, iluminando a escuridão absoluta. Peço que me cubram. Vejo o médico anestesista fixar-se atentamente ao sangue que escorre no tubo do dreno, preocupado, sentado perto da cama. Há mais gente no quarto, meus irmãos, meu filho e outros médicos. Não consigo ficar acordada. O sono me chama debaixo do peso das pálpebras, afundando-me cada vez mais profundamente no nada, longe do corpo, longe da enfermeira que, no intuito de medir minha pressão, faz esforços para abaixar meu braço esquerdo que, rígido, está cruzado ao direito teimando em permanecer sobre o seio, tremendo de frio. Onde estão as cobertas? Tenho frio... "Não chora Annaré, não os escute. Percebas, teus irmãos zombam de ti. Já te disse que não morrerás. Foram somente dois bombons purgativos, no máximo terás diarreia. Para de chorar! Te digo que não morrerás. Asseguro-te que, enquanto eu viver, tu não morrerás!" "Don Blas, o que dizes à menina?" - reprova respeitosamente Carmela, minha Bá. "Cale-se, lave os pratos!" - ordena severo o avô. Carmela resmunga em voz baixa em uníssono ao crepitar da lenha queimando na lareira. Eu, desde o regaço do avô, sossegada, junto do fogo, conto as faíscas que sobem como fogos de artifício. Uma; duas; três; quatro;

cinco; seis; sete; oito; nove, todas esvaindo-se rapidamente entre as paredes pretas da chaminé. Estas também são de vida breve. Em poucos minutos levaram-me à sala operatória. Prepararam-me. Estou pronta. Surpreendo-me com minha tranquilidade. Subo com meus pés ao segundo andar, calçada com a resignação de quem está diante do inevitável. Em silêncio, repito mentalmente "Tenhas cuidado com tua irmã" como uma jaculatória, diversas vezes. Foi a recomendação feita a meu filho antes de atravessar a soleira do quarto lá embaixo. Gostaria de acordar, mas não consigo. Minha mente vai e vem, entre o sono e a vigília, igual à luz da lâmpada em noite de tormenta. "Carmela, acenda as velas!" - a voz da mãe ressoa clara e alta. Cadê ela?... "Toma conta da tua irmãzinha", digo a Micael ainda menino no aeroporto Kennedy, antes do embarque. Eram tão pequeninos meus filhos, como pude deixá-los partir? "Verônica, me dê a mão, assim não nos perderemos" - pede Micael. Onde encontrei coragem para separar-me deles?... Os médicos vestem uniformes verdes, assim como eu, a cor da cura, observo. Subo na cama de operação docilmente, fecho os olhos, tento pensar algures: meu ateliê, no trabalho que ficou sem terminar sobre a mesa, a arte. É nela que minha vida se justifica. Onde será que o homem fundeia o ato criativo? Será no anseio de retorno ao paraíso perdido? Miragem no espelho do eterno desejo insatisfeito do ser que nos habita? O paraíso... O paraíso terá alguma vez existido? Gostaria que tudo isso terminasse. "Não vai sentir dor da cintura para baixo e ficará acordada" - diz o anestesista, como se fosse um prêmio, aplicando uma injeção na minha coluna vertebral. Sinto cheiro de carne queimada. É a minha. Utilizam o bisturi elétrico, operam meu ventre. O paravento que colocaram entre o meu peito e minha barriga como barreira para que eu não veja não impede que eu sinta. Por que será que me deixaram tão lúcida? Remexem dentro de mim como quando se busca um objeto extraviado em uma gaveta. É uma sensação insuportável, peço para ser adormecida... "Era uma vez"... Encontro-me no centro do palco, na apresentação teatral de final de ano do pré-primário. O papel principal é meu. Todos os rostos olham-me, mas eu procuro um, o de minha mãe. Não o encontro... O frio é grande. Caminho apressada pela estradinha em direção à escola. As meias soquete que visto de nada adiantam, não me abrigam na gélida manhã. Minha pernas estão congeladas, não as sinto como parte de meu corpo, transformaram-se em um fardo pesado que se arrasta sobre a neve ao comando de minha vontade. De onde vem todo este frio? Deixaram a janela aberta... Seguem procurando dentro de mim. Suplico que me deem a anestesia geral. Por fim, a máscara. Aspiro voraz. Nada mais importa - viver ou morrer -, ciente de estar nas mãos do destino. A morte está aí, acompanha-me à distância de um braço...

"Annaré, dê-me sua mão". Desta vez é o avô quem diz, levando-me a passeio. Caminhamos longamente assim: a minha pequena mão na sua grande mão ao longo das vias poeirentas do campo. Estou cansada. Desde a altura de seus joelhos, olho-o.

Compraz-me que seja tão grande, quase um gigante. Devolvendo-me a mirada, levanta-me sem dizer palavra, colocando-me a cavalo sobre sua *espalda*, minhas pernas em volta de seu pescoço, adivinhando meu desejo. Que delícia! Desde aqui do alto a vista é ampla, total, fulgurante na luz da manhã. Também posso tocar os ramos dos salgueiros ao levantar os braços até o alto, enquanto a mirada acompanha a dupla sombra que o sol reflete em diagonal no espelho branco do pó da estrada. Extasia-me a vista das imagens escuras, cambiantes e brincalhonas de mim mesma lá no alto da *espalda* do avô. Estou segura, suas mãos são como torniquetes apertados, agarram minhas canelas fortemente. Grande é minha felicidade, meu avô é todo o meu afeto e certeza de bem-querer. A passos firmes, avança em um silêncio promissor de ternas palavras e de afetos. Que maravilha os campos de trigo maduro dobrando-se docemente ao passar leve do vento! Extensos tapetes de ouro, salpicados do vermelho das papoulas. Sim, é uma maravilha! Aperto forte, grata e calorosa, meus braços em volta do pescoço do avô, um ímpeto de meu amor.

— **1992**

Agarro o minuto
o segundo
o átimo
o milésimo do milésimo do instante
somo-subtraio tempo
até o fim.

1993

Com uma pena invisível e o coração
desenho o horizonte
as ondas do mar
os barcos
os banhistas
também o cachorro que caminha solitário na praia.

— 1993

A forma tenta existir
a ordem está implícita
o novelo foi desenrolado
reencontrada a ponta do fio
o nó desfeito
enfiada a agulha
basta recomeçar
porém duvido
"Quando a mão não tem força, há paciência"
recordo serenamente.

Hoje, sexta-feira, é dia dedicado à casa: preciso colocar em dia todo o trabalho que se acumulou durante a semana. Os outros quatro dias passo-os no estúdio de desenho têxtil em que estou empregada. Sem *green card*, sem nada, sou mais uma ilegal no paraíso americano. Com duas crianças pequenas, falta tempo. Só trabalho... que loucura!... Desde que cheguei a Nova York, mal conheço a cidade. Passo pelas ruas voando, com destino certo me aguardando. Além do mais, como não falo inglês, não entendo os indígenas dessa cidade. Salvam-me as línguas dos imigrantes, os inferiorizados: o espanhol, o italiano. Esta última, utilizo fazendo compras em Little Italy, bairro próximo de onde moramos. Eles, os ítalo-americanos, respondem-me em inglês, pois não falam o italiano e têm vergonha do dialeto dos pais. O filho do quitandeiro onde faço compras me atende ríspido, sem a deferência dada aos outros clientes. Fica visivelmente irritado quando lhe falo na língua italiana, pois creio que o forço a recordar o que é: um filho de imigrantes desqualificados. Extraviado, ele está na cultura americana que o põe à margem e acaba por fazê-lo sentir-se nem peixe nem carne. Um dia passado, cansada de ser maltratada, disse-lhe à queima-roupa: *"Sa che io sono nata in Italia, precisamente in Calabria. Sono di Scalea, nella provincia di Cosenza. Conosce la Calabria?"* - e sem esperar resposta continuei - *"Bella é la nostra terra, ci deve andare. Lí, fu la Magna Grecia, dove scuole di filosofia i greci fondarono. Il nostro dialetto é una lingua latina, come tante. Como lo é l'italiano. Lei sa, che é stata tradotta la Divina Commedia anche in siciliano?"*. Me olhou atônito, sem me dar resposta. Mas, daquele dia em diante, me tratou com respeito, como fazia com os louros *yankees*. Enfim, a história das imigrações repete-se nos séculos. Quem sou eu para julgar como reagem aqueles que vivem distantes de sua origem?... Imagina, logo eu que aqui estou como tantos outros latino-americanos buscando arrancar, do país rico, migalhas... Melhor será deixar as divagações de lado. Daqui a pouco chegará o Rubens da escola com as crianças. Esta lavadora velha, de novo enguiçada... Todos nós, os artistas sul-americanos que vivemos nesta cidade, de certa forma estamos no exílio. Somos ideologicamente ambíguos, sendo hóspedes no país mentor das ditaduras alheias e protetor dos generais de nossos países distantes. Eu, Rubens e as crianças aqui chegamos em 1971, na rua 72 West. Mas, para esta parte da cidade, faz pouco tempo que nos mudamos... Este *loft* fica no terceiro andar do número 250 da Bowery, quase esquina com a rua Spring. O espaço é estreito e longo: 2.800 pés quadrados. Antes de alugá-lo, o Exército da Salvação mantinha aqui um hotel para bêbados desarraigados. Os afazeres obrigam-me a percorrê-lo de um lado para o outro, recolhendo - entre os percursos - objetos e brinquedos largados ao acaso. Os armazeno no grande bolso de meu avental, devolvendo-os aos devidos lugares ao passar, poupando, assim, tempo e passos. Fiquei muito preocupada: o que dizer aos meninos sobre a presença constante dos grupos de bêbados andando abraçados, sustentando-se uns nos outros, cambaleando pela Bowery? Vinha há dias arquitetando uma explicação, caso os meninos me perguntassem. Felizmente não foi preciso. Na semana passada Micael disse-me, com a inocência poética da criança: "Olha, mãe, aquele homem está sonhando". Referia-se a um bêbado que, largado sentado na calçada, falava sozinho com um interlocutor invisível aos nossos olhos. Toda a explicação lógico-científica possível ficou invalidada: que alívio! Limitei-me a beijar a pequena mão do meu filho dizendo-lhe agradecida: "Sim, querido, está sonhando". Mesmo sem estarem visíveis, os bêbados estão presentes. Os ouvimos à distância, com o falar alto e desconexo. Também denunciam-lhes presença os rastros, os inúmeros filetes de urina nas calçadas que, durante o inverno, congelam-se feito veias em alto relevo no asfalto. Ainda falta um ano para retornar ao Brasil... Me pergunto por que gosto desta cidade e o que me motiva a permanecer nesta situação de extrema fadiga, sem ter condições de realizar meu trabalho de arte. Hélio [Oiticica], hóspede de passagem pelo *loft*, percebendo-me o desassossego, disse-me há tempos: "Anna, já que não tens condições de trabalhar, escreve. Faz apontamentos. Desenha, escreve, rabisca, escreve poemas. Uma palavra, qualquer coisa... será um registro do existir... um indício, um projeto... Um caderno é acessível, ocupa pouco espaço. É fácil de carregar no bolso. Resta sempre a possibilidade da aventura de uma folha em branco, uma hora, um minuto, um instante". Hoje, passando a limpo estes cadernos, lembro-me dele falando, intercalando longos suspiros entre uma frase e outra, como costumava fazer sempre que dizia algo que o preocupava e que fosse importante.

1996

Baixa Califórnia
Missão Santa Isabel
passeio no cemitério
um corpo enterrado raso
uma cruz enterrada fundo

aqui outra lápide

"Gertrudes Castillo
1930-1968
Era tan pobre que la vestí"

como monumento
uma cama matrimonial de ferro
um ex-voto
do amante inconsolável.

Aos 18 anos cheguei ao Rio de Janeiro, no dia 14 de agosto de 1960. Ficamos sobrevoando a Cidade Maravilhosa por longo tempo. Por feliz coincidência, o avião demorou no pouso. A vista era fascinante: luz, águas e montanhas. Eu, que ansiava por um lugar onde fincar raízes - essencial para meu processo de construção de identidade -, não chegava a acreditar que aquela seria minha nova morada.

A procura da linguagem - desde o início - seria o grande desafio, e ficaria ancorada à minha angústia existencial por anos. Afinal, como compor um vocabulário de signos aos 18 anos? Por onde começar? Intuía que para ter direito à fala - à linguagem - necessitava construir uma identidade, um direito ao meu existir. Seria um esforço de Hércules compor significados somente através da memória do passado, insuficiente pelo pouco tempo vivido. A indignação diante da impossibilidade de soluções foi a tônica de minha juventude. No entanto, serviu para não me render aos impasses. Minha vinda para o Brasil não foi uma escolha: mais uma vez fui trazida, como o fora para a Venezuela.

A chegada ao Rio de Janeiro seria decisiva nas escolhas dos caminhos pelos quais se construiria minha obra. O resultado do encontro com a arte brasileira concreta e sensorial daquele momento fundamentaria meu trabalho dos anos 1970 e, de forma ainda mais profunda, o trabalho que venho realizando nos últimos anos. Minha integração no contexto da arte brasileira foi praticamente imediata. Na Escola Nacional de Belas Artes aproximei-me de artistas como Antônio Dias e Rubens Gerchman, que viriam a integrar a "Nova Figuração Brasileira", um marco na história do Brasil contemporâneo. Sem dúvida, meu casamento com Rubens Gerchman seria fundamental para a minha rápida assimilação ao meio. No entanto, a incerteza passaria a fazer parte indivisível de minha existência, pois a memória e as circunstâncias, o fato de ter perdido o solo natal, colocariam fora de controle meu itinerário de vida.

A angústia tomou conta dos meus vinte anos. Ela tinha uma dimensão física real, ocupando-me o peito dia e noite. O rigor excessivo com o qual me posicionava perante tudo fez de mim uma jovem quase solene. Faltava-me humor, alegria, que tornassem mais leve minha jornada. Rubens me ajudou, pagou minha psicanálise, a qual iniciei logo depois do nascimento de Micael. Nos casamos em 1963, os dois com 21 anos. Com 22 éramos pais. Como éramos jovens! Ainda assim, com quanta seriedade enfrentávamos o viver! Rubens dividido entre o trabalho para providenciar o sustento da família e, ao mesmo tempo, a construção de sua obra. Eu empenhava-me na edificação de minha pessoa. Somava esforços em realizar meu trabalho de arte, ser esposa, mãe e cidadã, pois aquele momento tão rico e febril da arte brasileira, em todos seus aspectos, vinha sendo afetado pela sombra obscura da ditadura de 1964.

Os eventos se sucediam. Na formação da Nova Figuração, conheci pessoas, críticos e artistas que marcariam meu futuro distante de forma indelével, assim como o convívio com Hélio Oiticica e Lygia Clark que, naquele momento, estavam abordando questões na arte totalmente novas. Estas que, nas décadas seguintes, se estabeleceriam como paradigmas da contemporaneidade. Lygia costumava vir jantar conosco aos sábados, pois as crianças, especialmente Verônica recém-nascida, nos retinham em casa. Foi quando a ouvi falar da imanência... da "nostalgia do corpo"... Estávamos no final de 1966, início de 67. Ela necessitava expressar em alta voz a prenhez do seu pensamento, e para ela nós éramos todos ouvidos, atentos. A escutava com extremo interesse, tentando encontrar os significados daquele falar tão intenso e apaixonado. Só mais tarde a radicalização do conteúdo da obra da artista configurou-se plenamente no meu entender.

Como um rio corre a linha
atrás do carretel que rola sobre as lajotas
[do piso
tabuleiro de xadrez
frio piso de terracota
um mais dois
três pontos
uma linha
do ponto e da linha falou-nos Kandinsky
[lindamente
basta recordar seus pensamentos
enquanto a mão indecisa apoia a pena no caderno
"...o ponto é a ponte entre a palavra e o
[silêncio..."
.
lá está ele
afirmando sua nudez na aparência solitária de
[morto-vivo que suplica movimento
sem sentir, a mão obedece-lhe
multiplicando-se ele vive
nasce a linha que o humaniza
faz-se o desenho
o som
a escrita
ele brilha na imensidão do firmamento
é o sol que nos ilumina
e lá se foi o fio
atravessando a porta
chegando até a cozinha
livre e preso ao carretel de linha.

Desenhando atravesso o umbral do silêncio
falo, crio e restauro mundos entre o princípio e
[a infinitude
longe das novas tecnologias, unificam-se os atos
[da minha mão com o cérebro
com ele eu vivo
imanente, o desenho pulsa no código genético
ele é necessidade natural, como comer e andar
sutil, é mais próximo da psique que da matéria
bastam-lhe emoções feitas de pontos e de linhas
[para impelir o alento fora do peito,
pousando-o na ponta da língua, dando água na
[boca
colocando-o nas pontas dos dedos, possibilita
[esboçar múltiplas e opostas
[realidades:
marcas inquisitivas, projetos, indícios,
[vestígios - tempos plenos de visões
[de signos.

Cogito
que se Leonardo da Vinci tivesse nascido antes
[da galinha
teria inventado o OVO
com a Divina Proporção e a Extrema Razão

no OVO nada sobra
sem machucar, sai do pequeno orifício do corpo
simplesmente sai e, sempre original, entra no
[mundo

O OVO é o OVO
protótipo da inteireza
mesmo quando aberto

estalado, surpreende na veste clara que cerca a
[gema
que brilha feito o sol amarelo:
parte do universo na frigideira

diante desse paradigma de vida e de mistério
reverencio a galinha e a invejo.

— 2008

Nasceu Théo, meu neto, filho do meu filho. Parto cesáreo. O médico deu explicações não convincentes do porquê de não esperar pelo parto natural e marcou a cesariana para as 9 horas da manhã. No entanto, nesse dia, olhando as informações referentes aos nascimentos no painel da clínica, de vinte partos realizados, um só fora espontâneo. O que fazer? Hoje é assim: nasce-se com hora marcada. Recordo o dia em que Verônica, minha filha, nasceu. Foi lindo senti-la sair de dentro de mim e vê-la nascer através do reflexo espelhado do metal da luminária no alto, instalada em cima, ao centro do teto da sala de parto. Foi uma experiência extraordinária, única. Realmente "o céu se abriu", como costumava se referir ao nascimento Carmela, minha Bá. Senti prazer, nada de dor. Me ficou a dúvida se de fato foi um prazer físico, ou se na presença da vida tivesse juntado em um só prazer nascimento e sexo por analogia. Num campo limítrofe de dor e prazer cumpria-se a vida em seu destino através do meu corpo. A criança era grande, pesava 4 quilos e meio. Me pareceu inverossímil que estivesse abrigada no meu ventre e que pudesse sair tão facilmente. Minha mãe teve dez filhos, todos muito pesados, e sempre se vangloriava dos pesos das suas criaturas contando-nos as aventuras dos partos. Omitia sempre como nos tinha concebido, esta, a parte que mais me intrigava. A concepção era um tabu que não admitia perguntas nem respostas. Eu, pequenina, imaginava que nós, seus dez filhos, havíamos nascido por segmentação do corpo da mãe, já que ela se referia a nós enfaticamente como: "Sangue do meu sangue e corpos do meu corpo".

O pai era somente o provedor do nosso sustento, nosso pai putativo, igual São José fora do menino Jesus. Ficava eu pensando nessas coisas por horas a fio. Uma vez, vi em um livro de arte uma escultura de madeira, uma mulher com o corpo nu, recoberto na sua totalidade de pequenas figuras humanas que formavam um só bloco de madeira entalhada. Fiquei encabulada e culpada à vista daquilo, mas o que era? A lembrança daquela imagem me angustiou o resto do dia, e de noite custei em adormecer. No leito, na escuridão do quarto, aqueles pequenos seres entalhados da superfície do corpo da mulher haviam se mudado e se instalado sobre o meu, de criança. Estavam vivos, se moviam e sussurravam entre si, baixinho. Falavam de assuntos que eu mal podia ouvir e que me eram incompreensíveis. Debaixo do peso das figurinhas, meu corpo se tornou imenso. Tão enormemente grande que chegava a tocar a linha do horizonte, e eu, nele, na imensidão do meu próprio corpo, sentia-me perdida, extraviada. Seria um sonho?

Olhos velhos. Novos olhos veem-me no espelho - lugar, não lugar, onde na verdade não estou. Vejo minha imagem, uma cartografia de pele, desgastada, envelhecida. Gosto de me (auto)apresentar como um ponto de tensões. Uma nômade que, como todo viajante, carrega na alma a subversão das convenções. Estou de passagem, não pertenço a nenhum lugar. Com técnica de bisturis e lâminas foram-me desenhados na pele os anos que passaram - uma escarificação profunda do viver. Um desenho único e soberbo em alto e baixo-relevo, sobre e dentro do meu corpo. Nasço! "Nascemos verdadeiramente no dia em que, pela primeira vez, sentimos profundamente que tem algo grave e inesperado na vida... Consequentemente, mais de uma vez; e cada um desses nascimentos nos revela um pouco nosso Deus... Todavia é necessário que tua mãe agonize nos teus braços, ou que teus filhos pereçam em um naufrágio, e que tu mesmo passes ao lado da morte para adquirir por fim o conhecimento de que estás em um mundo incompreensível e onde te encontras para sempre." Pois é, Maeterlinck, tens razão em teu livro *A Inteligência das flores*! É necessário que teu amado seja abatido por uma bala perdida ou quem sabe que morra afogado em uma enchente, para que vislumbres por um instante que os últimos limites do reino do amor vão além da violência e da fúria da natureza. Ah! Se tivesse aberto os olhos! Poderia ter visto em um beijo o que hoje observo em uma catástrofe. A dor é necessária para o despertar da consciência que repousa na nossa alma. As tragédias humanas deixavam dona Vitalia, minha mãe, em estado de comoção e, como que para exorcizar o mal, passava a declamar durante os afazeres domésticos os versos de Dante, o capítulo XXXII do Inferno da *Divina Comédia*, *"Il conte Ugolino"*, como ela mesma especificava. Sua voz dramática repetia mais de uma vez pela casa: *"La bocca sollevò dal fiero pasto, quel peccator, forbendola ai capelli..."*, a história da antropofagia paterna, que a mim, criança, atemorizava. Pergunto-me: que diria dona Vitalia hoje do nosso cansaço, dessa vida enfraquecida, do nosso viver superinformatizado, contudo, sem esperanças? O que diria de nossa humanidade anestesiada fugindo da dor, das tensões? Uma sociedade que nos exige que estejamos sempre alegrinhos e pasteurizados: corpo sarado, retocado, renovado. A cirurgia plástica faz milagres! Temos próteses para tudo! *"Ma, figlia mia, questa non é vita! Resisti! Negati a rinunciare alle necessità dei tuoi sensi. Perché sono loro che ci danno i significati della vita."* Sim, é isso que ela diria. Os sentidos, mas eles também enganam. Em quem acreditar? Sutra Lankavatara ensina que "as cousas não são como parecem ser. Nem são de outra maneira", e a física quântica completa: "As coisas não são exatamente 'coisas', elas são mais como possibilidades. Até mesmo o mundo material ao nosso redor: cadeiras, quartos, tapetes - não são nada além de movimentos possíveis da consciência". "Puxa o rabo da bruxa!", dizíamos em criança quando algo era por demais ao entendimento. Mas vamos ao aqui e agora. Como diz Beckett: "falamos de algo mais, falamos do humano", do nosso humano. Recordo-me da resposta do meu avô à minha pergunta quando pequenina: "Vovô, a rainha de Inglaterra, o papa, também eles fazem cocô e limpam a bunda?". "Certamente", respondia-me ele. "Só que eles têm uma mãozinha mecânica para realizar o trabalho sujo." Cagar é uma necessidade humana. Defecando, todos os homens somos iguais. Só nos diferenciamos onde se obra e como se limpa", retrucava o velho muito sério e solene, dando por encerrado o assunto. No dia 11 de janeiro de 2008, o jornal *Folha de S. Paulo* diz que a União Europeia afirma que os produtos de animais clonados são alimentos seguros para o consumo. *Resoltamente* decido parar de comer carne de vez, pois já acho muito comer cadáveres... ainda mais clonados! Por que não deixam a natureza em paz? Gostaria de dizer como Pitágoras: "Minha alma é um quadrado", uma sólida, linda e simples metáfora. Porque a minha, a minha é uma espiral, um rodamoinho, sempre ansiando entendimento, movendo-se entre as pequenas e grandes coisas do mundo, sem início e sem fim, no prazer de viver. Sua sombra, a dor, a destruição, acompanha-a. Sim, a vida é surpreendente, incompreensível e paradoxal. Mas, voltando a falar do humano: as ex-reféns colombianas Clara Rojas e Consuelo González, liberadas pelas Farc no dia 10 de janeiro desse ano, em Caracas, acusam as Farc de crimes e tortura. Em entrevista coletiva, Clara Rojas relata o drama de seu parto em cativeiro e afirma que ainda há sequestrados presos na selva da Colômbia. Assim como segue-se matando na Faixa de Gaza e no Iraque. A violência assusta-nos nas cidades do Rio de Janeiro e de São Paulo. A paranoia não é mais uma patologia dolorosa, ela incorporou-se naturalmente em todos. É insuportável, sim, mas a carregamos conosco igual que nosso telefone celular portátil, com resignação. No dia a dia, uma bala perdida, um homem-bomba não nos espanta mais do que a bactéria, o vírus, ou o retrovírus. É difícil de acreditar, mas é verdade. O que está nos acontecendo? Enquanto isso, uma nuvem de hidrogênio gigante está vindo em direção à Via Láctea, de acordo com astrônomos. A Nuvem Smith, como é conhecida, poderá causar espetaculares fogos de artifício quando colidir com a nossa galáxia, o que deve acontecer em 20 ou até 40 milhões de anos. Eu, certamente, não verei esse espetáculo, estarei morta há muito tempo. Nesse instante, decido dizer SIM à vida. O SIM criador de Espinosa e Deleuze. Apropriar-me das palavras expressas nos votos de feliz ano-novo de 1882 por Nietzsche, quando afirmava: "Quero cada vez mais aprender a ver como belo aquilo que é necessário nas coisas: - Assim me tornarei um daqueles que fazem belas as coisas. Amor 'Fati' (amor ao destino): seja este, doravante, o meu amor! Não quero fazer guerra ao que é feio. Não quero acusar, não quero nem mesmo acusar os acusadores. Que a minha única negação seja desviar o olhar! E, tudo somado e em suma: quero ser, algum dia, apenas alguém que diz Sim!".

—

2009

Estamos indo
Para onde?
Para lugar nenhum
A via certa foi perdida
Cadê a via certa?
Cadê?
Cadê tu?
Está escuro, me dê sua mão
Estou sozinho
A via certa foi perdida
Cadê ele?
Cadê?
Passou por aqui
Passou um
Não passou nenhum
Passaram cem mil
Por aqui?
Não!
Mamamamamamama
Mmmmmmmmmmmmmm
Mmmmmmmmmmmmmm
Quem é?
Não sei
É ele
Onde?
Ali
O guardador de rebanhos
Béé béé béé
Eu penso com os olhos e com os ouvidos
Penso com as mãos, com os pés, com o nariz e com
          [a boca
E você?

Não sei
Eu olho para a direita e para esquerda da estrada
Nunca para trás
E se não quero algo, não olho para trás
Jamais
Eu sou assim
- Eu sou assim
Por enquanto durmo e sonho
sonhos verdadeiros
Enquanto estou indo lá
para a linha do horizonte
A primeira?
Entra na quinta
A primeira não
A segunda não
A terceira também não
A quarta tampouco
Eu disse: toma a quinta
Como?
Esqueça
Só te digo, ó amigo
Não vá ao jardim florido
Não vá lá
Tu sabes?
O quê?
Quem ama nunca sabe o que ama
E tu sabes?
Que exagero querer saber o mistério das coisas
Sei lá o que é mistério
Fecho os olhos ao sol para nada ver
Nada vejo
É?

É!
Não deverias falar assim contigo mesmo
Já chega
Vago ou pervago
Não consigo abrir os olhos
Acorda!
Acorda!
Não posso, não dá
Não dá
Melhor assim, muito melhor
Estou tentando
Quero ar
Ar
Idas
Vindas
Voltar não volto
Não
Não!
Por que não?
Quê?
Por quê?
Para esquecer você
Eu vou e não volto
A chuva cai sem água
Ouço sinos e tambores
O amor está aqui, o quão abençoado me sinto
Mergulhado neste vasto êxtase
Dentro de meu próprio corpo

Dentro de meu próprio corpo.

— **2010**

Aquele tempo era um tempo no tempo
artimanha do viver em todos os tempos
um introito de conexões excepcionais
circunstanciais intrínsecos enredos da natureza
[intermitente
intentos de chegada a um tempo ininterrupto.

2011

I

"Deus engendrou um ovo
o ovo engendrou a espada, a espada engendrou
[Davi
Davi engendrou a púrpura
a púrpura engendrou o duque, o duque engendrou o
[marquês
o marquês engendrou o conde"
eu sou a condessa
"eu nasci louca
os normais tinham inveja de mim que era louca
eu sobrevivi do nada, do nada
eu não existia
não tinha uma matéria
comecei a existir com quinhentos milhões e
[quinhentos mil anos
logo de uma vez, já velha
eu não nasci criança
nasci velha
depois é que virei criança
e agora continuei velha
me transformei novamente numa velha
voltei ao que eu era, uma velha"

II

eu sou eu
nascida pela fenda ao mundo e impressa à dor
a ferro e fogo fui cunhada na angústia do
[entendimento
escolhi viver e vivo morrendo
optei por ser artista
ser mãe

constantemente equaciono fantasia com a
[realidade
entre o eu sou e o eu não sou
há de se ter em conta que não sou de aqui
nem sou de lá, estou de passo
qualquer caminho me levará a outro lugar
das experiências, eu vivo
quero poder terminar de contar todas as estrelas
[do firmamento
mas não consigo
mais fácil é esculpir pensamentos
cada dia um novo
tenho destreza com as ferramentas
cozinho
também lavo e passo a ferro
grito de prazer e de dor
o meu sexo é um oco
no oco gozo

III

"sois sangue do meu sangue e corpo do meu corpo!"
exclama a mãe
o que é aquilo?
um grande ovo está preso à linha do horizonte
é um ponto
sou eu
sou aquela com quem o silêncio fala
aquela que tenta agarrar a realidade que diminui
[e a multiplica ao infinito
aqui
quem manda é o instante
para ele tudo é possível

hoje é festa no Xingu
é o dia em que a lua menstrua
o silêncio teima em conversar comigo
sussurra baixinho
mas eu sou surda

IV

areia infinita - infinita areia
há algo de errado no rio que navego?
a vasta noite me espera onde o mundo acaba
tenho medo
do céu, caem *aerolitos* de pedra
embarco nas águas turvas do pensamento
chamam à porta?
não é ninguém
a negrume cobre os restos da cidade
a luz escondeu-se faz tempo
e a morte apressa-se por conta própria
boiam nos esgotos corpos de filhos de pais
[desconhecidos
são milhares os cadáveres abandonados na rua
nenhum corpo é reconhecível
vago na impotência
nada mais existe
impraticáveis, estão as vias depois da catástrofe
sangram-me os pés
estou exausta

V

"as coisas não são como parecem ser
nem são de outra maneira
são possibilidades", diz-me ele com voz de
[oráculo

o definitivo é uma ilusão
tudo é incompreensível, paradoxal
uma bala perdida zombando passou pelo meu ouvido
[em São Paulo
no Rio de Janeiro
na Faixa de Gaza, no Afeganistão
uma nuvem de hidrogênio gigante está vindo em
[direção à Via Láctea
contudo, eu insisto em enxergar na escuridão
e decifrar o avesso das coisas
pouco consigo controlar da vida
só o que escapa à tirania do destino
acabarão o céu e a terra?
ninguém responde às minhas perguntas
sou finita em um cosmo aparentemente infinito
é demais para meu entendimento
a matéria animal da qual sou feita é a mesma das
[estrelas
sinto-me em perigo, inadequada entre as coisas
[do mundo
elas falam em línguas que não entendo
o apito do vigilante fere o profundo silêncio da
[noite
o pânico sequestrou minha respiração
não sinto os contornos do meu corpo
ficou só um pedaço de carne viva
meu coração acelerado no meio da sala

VI

O Deus de Moisés disse:
"EU SOU O QUE É!"
e faz o que quer na sua audácia

"eu serei aquilo que serei" digo eu, pois,
[timidamente vou sendo
estou em negociação constante a favor da vida
e anelo retornar à felicidade verdadeira
nostalgia de algo que não recordo, ou que jamais
[conheci
depois do desterro, viver ficou doloroso, trágico
a culpa é originária, é dos pais
sempre querendo tudo
sim, está bem!
admito que eu também quero
quero um amor total
um amor sem falhas
um amor sem esquecimento
um amor sem ausência
sem separação
um corpo no meu corpo para sempre

VII

verbos intransitivos
sem substantivos giram nos céus da linguagem
pulsam onde o corpo transcende o humano
enquanto uma fênix aninha-se no meu peito e
[choca o ovo do futuro
o tempo
há tempos próprios
tempos devidos, emprestados
há de se viver o tempo
há muitos tempos
tempo de partir, de parir, de vir
anteontem foi o tempo dos outros
hoje é o da morte
morre-se!

eu morro, tu morres, nós morremos, eles morrem
morre-se é mais do que
eu morro

VIII

Sim!
eu sei que
para a casa do pai não tenho por que voltar
portas e janelas foram muradas
não há como entrar
exalam pelas frestas dos velhos muros pútridos
[odores
são espaços abandonados, há anos desabitados
memórias vivas, encerradas
hesito entre o esquecimento e as lembranças
o tempo do recordar perde-se num apagar de luz
e estica-se no balançar doce da consciência indo
[e vindo
o presente é contra o passado
fiscaliza a memória e a revisa
só faz aflorar à mente o que foi vivido
eu sei da vida vivida na casa do pai
é melhor seguir adiante
para que voltar?

IX

eu sou artista
ele é artista
antes de ser artista é preciso ser
a obra de arte é uma comoção da consciência
é viver na essência
mas
eu vivo na toca

vivo em um estado de transição
às vezes eu sou insignificante, outrora
[imperecível
meu território é a imaginação
presenteio a vida vista com meus desejos
sem data,
no nada, onde tudo inicia
falo e escrevo
minha voz vai além da simples nomeação das
[coisas
o que importa é o humano
a paixão infinitamente humana do verbo
um dia após outro me exercito na intimidade das
[palavras
combino-as na pretensão de criar poemas
logo mais
sou tudo e não sou nada
mas tenho corpo
menstruo todo mês
sou mulher

X

ca-la-da!
mandavam eles, os adultos
era arriscado se expressar na sinceridade
por isso, entretinha-me em solilóquios mentais
[intermináveis
até que enfim cheguei à arte
onde todos os discursos são possíveis
contudo, cuidado com a contemporaneidade
ela exige trabalhos bem apresentados
não contaminados, anemicamente limpos

preferivelmente congelados como frangos
[em supermercados
a emoção foi desterritorializada
se quiser insistir em falar do humano, fala!
mas nada de excesso de paixões
basta falar do corpo sarado, malhado
não importa que as vítimas não sejam ressarcidas
[da dor
e que se viva em um estado de guerra sem fim
e o que dizer da falta de choro das crianças na
[Somália?
nos acampamentos o silêncio é de morte
elas não choram mais, desnutridas não têm força
[para chorar
não há leite nos desesperados peitos das mães
famintas cavam na terra com as mãos berços para
[suas crianças
como último acalento
eu não sou eu
eu não quero ser mais eu, sinto-me
[inversamente sã
não posso falar.

Lá está, imutada no tempo, a casa em que nasci.
À vista grita o abandono e clama o esplendor do
[que foi.
Há gente?
Vamos entrar?
Não, a cancela está fechada com trancas,
[deixemos estar.
Basta-me olhar e relembrar.
Não façamos barulho!
Não perturbemos a quietude.
Vejam a luz fulgurante do sol poente que envolve
[a casa, a paisagem no cair da tarde.
Fazemos silêncio, ouvimos o gorjeio do mar, o
[farfalhar do *Scirocco*, o vento que
[sopra da África.
Os antigos habitantes se foram.
Mas ainda posso sentir o perfume de pão recém-
[assado e o alegre tagarelar da
[família reunida à mesa prestes a cear.
O que fazer?
Querer e não querer, desejar e temer
tudo no devido tempo.

Um fantasma vaga no meu pensamento
de quem e do que eu sou contemporâneo?
pertenço realmente ao meu tempo?
coincido perfeitamente com tudo?
adéquo minha coluna quebrada aos outros
aos tempos obscuros
quero ver a intimidade da sombra, da
          [impenetrável escuridão
a *hermanastra* da luz
me adéquo às pretensões dos outros
as estrelas brilham no firmamento na penumbra
quero chegar pontualmente a um encontro,
          [nem muito cedo, nem muito tarde,
que não posso faltar
que difícil é viver o agora
o tempo bate com força no presente
recorda a morte, o pecado
há homens que já nascem póstumos
que desgraça ter desprezado o Corpo.

Borges diz:
"O tempo é a substância da qual sou feito.
O tempo é o rio que me carrega, mas eu sou o rio;
é o tigre que me devora, mas eu sou o tigre;
é o fogo que me consome, mas eu sou o fogo".
Não obstante, eu estou irrevogavelmente
[destinada para a morte.
É deles a culpa, dos primeiros, Adão e Eva, de
[termos perdido o paraíso para sempre.
Sobra-nos o fardo de viver aqui na terra,
[herdeiros de um destino trágico de
[dores e paixões.
Heráclito afirma que, junto do cosmo,
[encontramo-nos numa cosmologia
[trágica.
Contudo, nem tudo está perdido.
Somente o exercício da arte pode interpretar e
[exorcizar a loucura.
Meu trabalho com a arte se estrutura desde
[meu corpo, nos limites e ausências
[de limites aquilo que no nível da
[consciência é contraditório
- devido à presença dos limites -
a um nível do inconsciente já não o é
contradição e fusão fazem parte do discurso
[consciente
num universo plural e múltiplo a verdade
[do corpo não é lógica,
o corpo é matéria
físico é meu instinto sexual: oral, anal, genital
os pensamentos criam escarificações na minha carne
tenho pudor: o físico me envergonha

pois "não podes tocar teu corpo!" é dito
mas ele fala comigo e suplica para ser tocado.

Ouço a fala de Parmênides sobre a natureza
"As águas que me conduzem levaram-me tão
[longe quanto meu coração poderia
[desejar [...]" e sossego, pacificada.
A ontogenia encontra-se na semelhança dos
[diversos embriões:
O homem, a galinha, o peixe, o macaco, até
[certa fase do desenvolvimento, parecem
[iguais.
Todavia, o mundo muda de maneira sutil e
[dependendo de como e onde o observamos.
Assim, tudo é possível.
É duro!
Ainda que reconheçamos na tragédia a força
[de transferir a transformação à
[existência, à experiência humana
É difícil aceitar a VIOLÊNCIA.
Seríamos mais felizes se não existisse o meu e
[o teu, a competição, a desconfiança, a
[glória.
É preciso recorrer ao sentimento e se esquivar
[da morte, a intérprete do momento.
Mas de nada adianta protestar costurando nossa
[boca.
A loucura da humanidade está solta pelos quatro
[cantos da terra.
O inferno tomou conta do mapa-múndi.
Onde Dante me colocaria, tão omissa?
E a VIOLÊNCIA contra a mulher?

O Afeganistão, a República Democrática do Congo,
[o Paquistão, a Índia e a Somália são
[os cinco países mais perigosos para as
[mulheres,
A violência, a falta de sistemas de saúde, a
[corrupção e a pobreza colocam o
[Afeganistão em primeiro no *ranking*
[mundial.
A Somália figura em quinto lugar no *ranking*,
[pois 955 mulheres foram vítimas de
[mutilação genital.
E eu digo:
O medo está por toda parte.
Eles matam, ferem e sequestram.
Mais do que guerra, é um genocídio.
Cortam a cabeça de uma ou duas pessoas
[para mostrá-las à população como
[intimidação.
É uma vergonha para a humanidade.
Não adianta querer bons sonhos que afastem todo
[mau pensamento, já que nos embatem as
[notícias ao despertar:
De 162 países, somente 11 não estão envolvidos
[em nenhum tipo de guerra.
O Brasil faz parte dos 11 países sem guerra.
Mas, segundo dados do Mapa da Violência de 2014,
[no Brasil foram 56.337 mortes, o maior
[número desde 1980.
O total dos mortos supera o de vítimas no
[conflito da Chechênia, que durou de
[1994 a 1996.

Como não estamos em guerra?

Hoje acordei cedo, aliás, de madrugada. Liguei na RAI e vi uma linda entrevista com Ermanno Olmi, o cineasta italiano, e recordei-me de muitas coisas, coincidências. O argumento do filme que vi em 1978, *A Árvore dos tamancos*, era o mesmo que ouvi de um taxista indo para o aeroporto em Malpensa, em Milão. Ele, também um calabrês, migrou com sua família para Milão depois da guerra, enfrentando todas as dificuldades dessa migração. E como tinha sido difícil a vida de seu pai naquele momento, naquela cidade, enfrentando tudo que os imigrantes enfrentam quando em uma nova cultura. Ele me contou que o pai era tão pobre, tão pobre, que só usava chinelos tamancos, e que havia só um par de sapatos os quais todo mundo usava para grandes ocasiões, como ir ao médico, à igreja, porque entrava no pé de todo mundo. Eu estava com a Lívia, minha assistente, voltando da dOCUMENTA (13) na Alemanha e, de repente, ele olhando pelo retrovisor, ao me ver chorar, me disse *"signora, per che piange?"* - e a Lívia chorando porque me via chorar. Lhe digo que estou comovida com seu relato tão trágico, tão lindo, tão forte, que é o mesmo relato, o argumento fantástico do filme de 1978, *L'albero degli zoccoli*. E tem mais, o Brasil, que é um país tão grande, tão rico na sua potência de bens fundamentais e minérios etc., é também um país com muita pobreza e onde se diz: "Pé de pobre não tem tamanho". É uma lembrança forte, o relato desse taxista. Voltei para o Brasil pensando em todas as dificuldades que se tem hoje na Europa com as imigrações legais ou não, esse choque de cultura, e como o ser humano esquece rapidamente o que sofreu na pele. Pensei também o difícil que foi para muita gente, para minha família e para mim mesma, a imigração, e como os imigrantes foram importantes para a Itália. Os imigrantes italianos reconstruíram a Itália enviando dinheiro com o trabalho realizado no exterior. Parece que muitos dos italianos, pela resposta que dão às imigrações no tempo atual, esqueceram disso. Por outro lado, recordei as palavras de Mário Pedrosa quando falou que a invasão - as invasões -, as imigrações, as ocupações, que ele chamava "a descida dos vândalos", eram necessárias para as mudanças, para promover cataclismas nas culturas em que entravam, apesar do impacto da renovação. É claro que a Europa não será mais a mesma com a chegada dos povos do Mediterrâneo, do outro lado, da África.

Subi com esse sentimento no avião para o Brasil, pensando que os meus filhos eram brasileiros, brasileiros mais do que eu, pelo fato de terem nascido no Brasil, essas leis que fazem com que você pertença a um país. Tudo pareceu-me paradoxal, meus meninos não sabem o que eu enfrentei nesse sentido. E é claro que há uma série de trabalhos feitos sobre a questão do imigrante nas artes e sociologicamente, na vida, que dizem que já não é mais um problema. Sim, não é mais um problema para os filósofos, para aqueles que pensam, mas na administração do poder isso continua sendo um problema muito grave para aqueles que são imigrantes. Não adianta me dizer "mãe, não precisa mais falar disso, você não precisa mais recordar todo o tempo que você é uma imigrante", mas acontece que eu sou uma imigrante e não dá para cancelar isso. Eu sou a somatória de tudo isso, vocês percebem pelo sotaque, como eu falo, não é?

Apague a luz ao sair
disse a ele, que partia para sempre.
Penso,
logo que a mágoa passar, começarei limpando a
[casa amanhã, agora não,
será melhor permanecer no escuro deitada
dormir? Quem sabe...
ao acordar pintarei minha boca de vermelho
calçarei o presente dado-me por ele,
os sapatos pretos,
"Anna, apressa-te, digo-me agora
Vai!"
já estou na estrada,
cheguei aos pontos dos quatros cardeais cruzados
Norte, Sul, Este, Oeste
tomo direção Sul, a via do retorno
urge-me voltar para casa,
a Scalea.

I

Meu pseudônimo é Anna.
Eu sou uma das sete Plêiades que habitam a [Constelação de Touro.
No céu sou uma e sou muitas, e como humana sou [tudo e não sou nada.
Cada ato que executo é o fiel presságio de [outros que no futuro se repetirão.
Busco em cada palavra o peso, a intensidade, [as presenças de certezas.
Mas quais certezas?
Tu não achas que há algo errado com as certezas?

II

Silenciaram as mulheres no dia em que a lua [menstruou e guardaram em segredo o líquido [vermelho no interior do próprio corpo.
Sim, o real é também intangível.
Somente o que conta na história do [extraordinário é a mãe fértil que habita os [territórios das emoções.
É aí que se encontra a fala.
Mas, eu calo, e deixo a menina da minha infância [construir meu devir outro,
aquele de artista.
A criança que me habita ouve os sussurros [imperceptíveis das pedras que falam,
e interpreta-os para mim.

III

A lua existe somente quando a vejo.
À sua vista somam-se todas as anteriores visões [de luas do passado.

Todas, desde aquelas da mais tenra idade, lá, à
[beira do mar Mediterrâneo.
Se houver bom tempo, fiel, ela me acompanha no
[alto de todo novo céu.
Ela é viajante como eu.
Calo.
Ao luar meus pensamentos caminham mais rápido
[que as palavras fora do tempo-espaço.
Ela mutante, a eterna morta, ressuscita ao
[anoitecer todos os dias.
O sortilégio do mal de lua torna meu pensar
[lobisomem.
Enfim, adormece e livre sonha coisas deste e de
[outros mundos.

IV

Nada é ideal.
Todavia minha alma faísca anseio de paixão e
[beleza.
Procuro-a na memória análoga à vida.
Nas lembranças vividas do passado encontro
[guerras e catástrofes.
As incansáveis Parcas seguem tecendo nosso
[destino no fuso da vida.
O fedor da morte e o medo cobrem a cidade.
Igualdade, fraternidade são utopias reinventadas
[pela esperança.
Vive-se na impotência.
Há homens, mulheres e crianças caminhando
[na linha do horizonte.
Um; nenhum; cem mil...
São imigrantes.

V

Os mares Egeu e Mediterrâneo tornaram-se grandes
[cemitérios de náufragos.
Os desesperados tentam chegar a salvo ao outro
[lado da bacia mediterrânea.
O cobertor azul das águas agasalha todos os
[inominados.
Ninguém reclama os corpos dos afogados.
O que fazer?
Agora não há nenhum lugar seguro para ficar.
O que fazer?
Eles escondem os rostos debaixo de máscaras,
numa realidade não humana de violência utilizam
[as foices sem piedade.
Há inúmeras cabeças degoladas por toda parte,
[separadas dos corpos sacrificados.
Ai de nós!
Genocídios, torturas dos homens sobre os homens
Ai de nós!
Lembre-se que depois de Auschwitz prometemos:
Nunca mais!
Nunca mais...

VI

À distância,
ouvem-se lamentos.
Não obstante,
o grito mais forte é o silêncio diante do pão
[empapado no sangue dos inocentes.
Alhures a loucura tomou conta da terra.
Ódio, Violência.
Pobres mulheres,
portadoras de vida.

Elas escondem-se sob o véu, proibidas de mostrar
[o corpo, os olhos.
A voz delas não pode ser ouvida.
Temos que respeitar a Lei.
O castigo divino é indiscutível!
Dizem eles, os homens.
Ela pecou!
Que seja apedrejada!

VII

Eu sou uma anciã guardiã de todos os presentes.
Carrego por certo que é o afeto o elemento
[colante dos escombros das almas.
Amparo-me nos sentimentos.
Ando na contramão numa nostalgia sem fim entre
[o antes e o agora.
Por favor meus filhos,
quando eu morrer enterrem-me em cova rasa,
facilitem o trabalho dos detritívoros em
[transformar-me em húmus fértil,
em outra natureza.
Assim,
convertida em adubo, alimentarei o jasmim
[que cresce debaixo da janela da criança
[recém-nascida.

Nasci apresentada à morte
esta é uma verdade indelével
não é só um pensamento a obstar minhas ideias
mas uma falha no tempo que obscurece meu caminho
de baixo para cima
de cima para baixo
ali, cada instante devora o antecedente
e a morte vence.

Fé-sentimento
Fé-pensamento
até os menores têm os seus porquês.

coordenação editorial
PAULO MIYADA E PALOMA DURANTE
preparação
GABRIELA NAIGEBORIN
revisão
WALMIR LACERDA
projeto gráfico
VITOR CESAR
E KARIME ZAHER (assistente)
produção gráfica
MARINA AMBRASAS

EQUIPE UBU
direção
FLORENCIA FERRARI
direção de arte
ELAINE RAMOS
E JÚLIA PACCOLA (assistente)
coordenação
ISABELA SANCHES
editorial
BIBIANA LEME E GABRIELA NAIGEBORIN
direitos autorais
JÚLIA KNAIPP
comercial
LUCIANA MAZOLINI
E ANNA FOURNIER (assistente)
circuito ubu
MARIA CHIARETTI
E WALMIR LACERDA (assistente)
Gestão circuito ubu
LAÍS MATIAS
atendimento
MICAELY SILVA

Dados Internacionais de Catalogação
na Publicação (CIP)
Bibliotecário Odilio Hilario Moreira Junior
- CRB 8/9949

M227d Maiolino, Anna Maria
Digo e tenho dito / Anna Maria Maiolino;
textos de Paulo Miyada e Paloma Durante.
Ubu Editora, 2022, 112 pp.
ISBN 978 85 7126 090 0

---

1. Literatura brasileira. 2. Poesia
brasileira. 3. Poemas brasileiros. 4. Arte
contemporânea. 5. Miyada, Paulo. 6. Durante,
Paloma. I. Título.

2022-3384 CDD 869.1 CDU
821.134.3(81)-1

Índice para catálogo sistemático:
1. Literatura brasileira: Poesia 869.1
2. Literatura brasileira: Poesia
821.134.3(81)-1

UBU EDITORA
Largo do Arouche 161 sobreloja 2
01219 011 São Paulo sp
ubueditora.com.br
professor@ubueditora.com.br
/ubueditora